Angie Smith · Glaube, der die Furcht vertreibt

Angie Smith

Glaube, der die Furcht vertreibt

Wie Gott unseren Ängsten begegnet

Aus dem Amerikanischen übersetzt
von Doris C. Leisering

R.Brockhaus

SCM

Stiftung Christliche Medien

Die amerikanische Originalausgabe erschien unter dem Titel
WHAT WOMEN FEAR
bei B&H Publishing Group Nashville, Tennessee.
© 2011 by Angie Smith

Die Bibelverse sind, sofern nicht anders angegeben,
folgender Ausgabe entnommen:

Neues Leben. Die Bibel, © 2002 und 2006
SCM R.Brockhaus im SCM-Verlag GmbH & Co. KG, Witten

Weiter wurden verwendet:

Elberfelder Bibel 2006, © 2006 by SCM R.Brockhaus
im SCM-Verlag GmbH & Co. KG, Witten (ELB)

Bibeltext der Schlachter Bibelübersetzung. Copyright
© 2000 Genfer Bibelgesellschaft. Wiedergegeben mit der freundlichen Genehmigung. Alle Rechte vorbehalten (SCH)

MIX
Papier aus verantwor-
tungsvollen Quellen
FSC® C006701

© 2014 SCM R.Brockhaus im SCM-Verlag GmbH & Co. KG
Bodenborn 43 · 58452 Witten
Internet: www.scmedien.de · E-Mail: info@scm-brockhaus.de

Umschlaggestaltung: yvonne pils, Düsseldorf
Titelbild: www.fotolia.de, © Masson
Satz: Christoph Möller, Hattingen
Druck und Bindung: CPI – Ebner & Spiegel, Ulm
Gedruckt in Deuschland
ISBN 978-3-417-26580-4
Bestell-Nr. 226.580

Für meinen Vater auf Erden, den Mann, der es mir leicht machte zu glauben, dass ich meinem Vater im Himmel vertrauen kann

Inhalt

Einleitung:
Hat er das wirklich gesagt?

Die Frage, die alles infrage stellte

৵৽৹৻৵৻৹৻৵

Schon lange faszinieren mich die Fragen, die Gott in der Bibel stellt. Natürlich kennt er die Antworten schon, warum fragt er also? Gottes Fragen begegnen uns im Alten wie auch im Neuen Testament, und sie sind ein wunderbares Bild dafür, wie sehr er uns liebt. Er gibt uns immer wieder Gelegenheit, ihm mitzuteilen, was uns auf dem Herzen liegt.

Beim Bibellesen ist mir aufgefallen, dass er besonders oft Menschen, die Angst hatten, Fragen stellte. Und mir ist auch aufgefallen, dass es auf den ersten Blick seltsame Fragen waren. Wie zum Beispiel hier: Die Jünger kämpfen um ihr Leben in einem Boot, das auf dem stürmischen See von den Wellen umhergeworfen wird, und Jesus fällt nichts Besseres ein, als zu fragen, wo ihr Glaube ist. Das kann doch nicht sein Ernst sein! Oder als Gott mit Jakob ringt, der Angst vor der Begegnung mit seinem Bruder am nächsten Tag hat, fragt Gott ihn nach seinem Namen. Kennt er denn nicht seinen Namen? Ich meine, er ist doch immerhin Gott, oder?

Natürlich kennt Gott Jakobs Namen, so wie er Ihren und meinen kennt. Was er von diesem Gespräch erwartet, ist eine Art Bekenntnis, ein Anerkennen, wer Jakob in seinen eigenen Augen ist.

Die Bibel zeigt uns immer wieder, wie Gott Fragen einsetzt, um etwas über das Herz der Person zu offenbaren, mit der er spricht. Jede Frage dient diesem Menschen, damit er sieht, was Gott ihm beibringen möchte. Mit unserer Antwort auf diese Fragen ist zwangsläufig eine Erkenntnis verbunden, sodass wir Verantwortung für uns selbst übernehmen. Ich glaube, wir können sehr viel lernen, wenn wir über Gottes Fragen nachdenken.

Interessanterweise wird die allererste Frage der Bibel nicht von Gott ausgesprochen, sondern von Satan, der in Gestalt einer Schlange auftritt. Es ist ein einfacher, tiefgreifender Satz, der alles verändert. Wir lernen, dass Satan uns nicht zur Sünde zwingen muss. Er muss nur den Zweifel in unser Herz säen, in dem wir uns dann verstricken. Im Garten Eden wirft Satan zum ersten Mal einen Gedanken auf, der seitdem jeden von uns an jedem Tag unseres Lebens verfolgt.

Adam und Eva hatten die Anweisung erhalten, nicht von einem bestimmten Baum zu essen. Dieses Verbot kümmert sie nicht sonderlich, bis die Schlange eine beiläufige Bemerkung macht: „Hat Gott *wirklich* gesagt …, dass ihr keine Früchte von den Bäumen des Gartens essen dürft?" (1. Mose 3,1; Hervorhebung meine).

Hat er? Denn ich frage mich, ob ihr ihn wirklich richtig verstanden habt. Vielleicht gibt es ja noch etwas Verhandlungsspielraum, Eva. Ich meine, es hätte doch ein Missverständnis sein können, oder?

Eva antwortet: „Selbstverständlich dürfen wir sie essen […]. Nur über die Früchte vom Baum in der Mitte des Gartens hat Gott gesagt: ‚Esst sie nicht, ja berührt sie nicht einmal, sonst werdet ihr sterben'" (1. Mose 3,2-3).

Wenn ich das lese, muss ich an meine Tochter Ellie denken, die eine fanatische Regeleinhalterin ist. Ich muss lächeln, wenn ich sehe, dass sowohl sie als auch Eva die Regeln sofort verteidigen. Es ist durchaus möglich, dass Gott zu Eva gesagt hatte, sie solle den Baum nicht berühren, doch in der Bibel finden wir diese Aussage nirgendwo ausdrücklich. Gott hatte den Menschen gesagt, sie sollten nicht von dem Baum *essen*, aber nicht, dass sie ihn nicht *berühren* sollten. Vielleicht hatte sie, wie meine Ellie, gedanklich noch eine kleine zusätzliche Vorsichtsmaßnahme eingebaut, um ja nicht die Regel über das Essen zu brechen.

Aber falls sie etwas missverstanden hatte … *das* wäre natürlich etwas anderes …

Sofort ergreift Satan die Gelegenheit, die sich ihm bietet. Er hat den Zweifel in ihre Gedanken gesät, und jetzt holt er zum Todesstoß aus.

Okay, du willst also die Regeln einhalten. Meinetwegen. Aber weißt du, warum Gott nicht will, dass ihr von dem Baum esst? Weil ihr dann so klug sein könntet wie er, und das will er nicht. Ihr werdet nicht sterben, sondern nur ein bisschen mehr wie Gott sein.

Volltreffer! Eva pflückt eine Frucht und bietet sie dann auch ihrem Mann an.

Ich stelle mir gern das Gespräch vor, das ablief, bevor die Feigenblätter den Weg in den Kleiderschrank fanden.

„Eva, was hast du dir nur dabei gedacht? Gott hat gesagt, wir dürfen das nicht essen!"

„*Keiiin* Problem, Adam. Ich habe gerade eine supernette sprechende Schlange getroffen, und sie hat mir gesagt, dass das wohl ein kleines Missverständnis war. Wir werden nicht sterben; wir werden nur klüger!"

Offenbar unternimmt auch Adam keinen Versuch, sich für die Regeln stark zu machen. Er stürzt sich ohne ersichtliche Kritik kopfüber ins Vergnügen, und sofort verändert sich alles – nicht nur für sie, sondern für uns alle.

Nicht ein einziges Mal fordert Satan Eva auf, die Frucht zu essen; er musste sie nur fragen, ob sie sich sicher war. Und dann fragte sie sich vielleicht, ob Gott wirklich nur ihr Bestes im Sinn hatte.

Wir unterscheiden uns gar nicht so sehr von Eva, oder?

An diesem Punkt kommt die Sünde in die Welt, und mit ihr die Angst. Als Adam und Eva sich Lendenschurze basteln, wissen sie, dass sie einen Fehler gemacht haben und dass es Ärger geben wird.

Sie handeln aus Angst – und wir auch. Diese Angst nimmt alle möglichen Formen an, und obwohl sie für jeden Menschen in etwas anderem besteht, ist ihr Kern immer der gleiche. Jedes Mal, wenn wir davonlaufen, reagieren wir auf Satans Lüge. Im Grunde entspringt jede Angst aus der Lüge, die der Feind in dem Garten aussprach, der ein sicherer Hafen sein sollte: *Bist du dir sicher? Bist du dir wirklich sicher? Denn du setzt dein Leben auf eine Behauptung, die du vielleicht einfach missverstanden hast. Gott sagt, er ist gut … ist er das wirklich? Er sagt dir, dass er dein Bestes im Sinn hat … hat*

er das wirklich? Er prahlt, er sei allmächtig, allwissend, absolut ver-
trauenswürdig ... ist er das wirklich?

Was für eine wirksame Methode, uns in die Falle zu locken! Satan stößt uns nicht gerade aktiv hinein, aber das muss er gar nicht. Wir springen schon von ganz allein, sobald der Zweifel aufkommt. Ich möchte Sie mit diesem Buch ermutigen, anders über Ihre Angst zu denken. Nicht als Schwarz-Weiß, nicht als Frage von „Tu's oder lass es", Sieg oder Niederlage. Vielmehr ist der Umgang mit Angst wohl vor allem ein Balanceakt. Ich glaube nicht, dass ich eine Versagerin bin, nur weil ich Ängste habe; erst recht glaube ich nicht, dass ein Christ keine Angst haben darf, nur um ein guter Nachfolger von Jesus zu sein. Ich glaube, Angst ist die natürliche Reaktion auf die Frage, die Satan uns eingeflüstert hat, und ich stelle fest, dass ich mich jeden Tag bewusst neu ausrichten und auf Jesus zubewegen muss.

> Ich glaube nicht, dass ich eine Versagerin bin, nur weil ich Ängste habe.

Vor meinem inneren Auge sehe ich eine Frau, die sich unsicher auf einem Hochseil bewegt und mithilfe einer langen Stange versucht, im Licht von Gottes Wahrheit darauf entlangzubalancieren. So etwas verlangt viel Konzentration, Anstrengung und eine ganze Menge Vertrauen. Manche von uns sind so weit in die eine Richtung gebeugt, dass wir nicht wissen, ob wir uns wieder aufrichten können, während andere mit ausgestreckten Armen zuversichtlich einen Fuß vor den anderen setzen. Im Lauf des Lebens werden wir wohl ein wenig von beiden erleben, und wir werden feststellen, dass die Lage nie beständig ist. Es tauchen Situationen auf, die uns in die eine Richtung kippen lassen, und wir schreien vor Angst auf. Oft fühlen wir uns, als würde gerade in dem Moment, in dem wir unsere Balance gefunden haben, das Hochseil zu vibrieren beginnen – und wir müssen uns wieder ganz neu ausrichten.

Wir glauben (fälschlicherweise), dass wir irgendwann die Lösung schon finden und lernen werden, die Stange jederzeit genau richtig auszubalancieren, damit wir nie wieder ins Schwanken kommen.

Wir meinen, wir können die Angst überwinden, sodass sie nie wieder auftaucht und wir bis ans Ende unserer Tage in ruhigen Wassern segeln können. Das ist, glaube ich, unmöglich, und je mehr wir uns auf das Seil konzentrieren, desto weniger konzentrieren wir uns auf die Stange in unseren Händen. Es ist nicht so, als gäbe es eine Lösung, die alle unsere Ängste auslöscht, oder eine einzige Sache, die uns die Angst nimmt und alles vereinfacht. So hat Gott uns nicht angelegt.

Manche sagen, dass Gott wie das Sicherheitsnetz in unserem Beispiel ist; dass er uns auffangen wird, wenn wir fallen, und dass wir keine Angst zu haben brauchen, weil immer noch das Netz da ist, wenn alle Stricke reißen. Ich möchte dem gar nicht widersprechen. Aber ich glaube, dass sich viele von uns mehr auf das Netz konzentrieren als auf die Balancierstange in unseren Händen. Wir haben Gott immer bei uns und können jederzeit und in jeder Lage zu ihm kommen. Je mehr unser Leben durch Christus ins Gleichgewicht kommt und wir in ihm und seinem Wort verankert sind, desto weniger müssen wir uns Sorgen machen, wir könnten herunterfallen. Der Balanceakt auf dem Hochseil ist immer noch furchterregend, keine Frage. Doch wenn wir das festhalten, was uns Halt gibt, sieht alles ganz anders aus.

Ist Jesus für Sie das Sicherheitsnetz? In vielen Phasen meines Lebens habe ich ihn so erlebt. Er ist da, wenn ich ihn *wirklich* brauche. Aber im Moment muss ich einfach nur herausfinden, wie ich wieder ins Lot komme und weitergehen kann.

Gleichgewicht. Ich glaube, das ist der entscheidende Faktor, wichtiger als vieles andere. Worauf verlassen wir uns, wenn wir anfangen, in eine Richtung zu kippen? Wie entwickeln wir ein Denken, das uns Halt gibt? Warum reagieren wir so und nicht anders, wenn das Seil schwankt und aus heiterem Himmel Wind aufkommt? Wir alle möchten uns mit unserem Leben ganz auf die Kraft von Jesus Christus verlassen, doch wir wissen nicht unbedingt, wie wir das erreichen können.

Wir werden in diesem Buch einige Kategorien von Angst betrachten und uns mit unseren eigenen Erfahrungen auseinandersetzen.

Dabei hoffe ich, dass wir Denkmuster entlarven, die uns aus dem Gleichgewicht bringen. Beim Bibellesen sind mir die Fragen, die Gott in seinem Wort stellt, ungeheuer wichtig geworden – und die Antworten seiner Leute noch mehr. Heute kann ich sehen, dass auch meine Ängste sich im Grunde um diese Fragen drehen. Aber anstatt mich von ihnen lähmen zu lassen, kann ich ihnen jetzt begegnen – mit der Überzeugung meines Herzens und mit meinem Handeln. Ich bin besser vorbereitet, wenn das Leben auf mich einstürmt, und kann Verteidigungsmittel einsetzen, die ich früher nie genutzt habe.

Welche Ängste hatten die biblischen Personen, mit denen wir uns befassen werden? Welche Fragen hat Gott ihnen gestellt? Wie haben sie geantwortet?

Und wie antworten wir?

Kümmern wir uns nun erst einmal um Gottes Fragen an Adam und Eva. Also zurück in den Garten Eden …

In 1. Mose lesen wir, dass Adam und Eva hörten, wie Gott der Herr im Garten umherging, und sie sich sofort versteckten. Und hier taucht auch die erste Frage von Gott auf, die schriftlich aufgezeichnet ist.

> Vielleicht wollte er ihnen klarmachen, dass es nicht besonders viel bringt, sich hinter einen Baum zu verdrücken, wenn man sich vor dem Gott des Universums verstecken will.

„Wo seid ihr?", ruft er.

Nur falls Sie sich wundern: Gott wusste genau, wo sie waren. Obwohl es sicher bemerkenswert gewesen wäre, wenn er die Frage tatsächlich gestellt hätte, um herauszufinden, wo sie sich aufhielten – so, als hätte er die ersten beiden Menschen verloren, die er geschaffen hatte. *Na ja, dann eben alles auf Anfang. Vielleicht beim nächsten Mal …*

Natürlich kennen wir Gottes Gedanken und Motive nie genau. Allerdings vermute ich, dass er diese Frage stellte, weil er sich von Adam und Eva wünschte, dass sie ihm mit ihrer Antwort ihre Übertretung bekennen. Er wollte nicht, dass sie ihm ihren Aufenthaltsort nennen, sondern ihren *Zustand*. Und vielleicht wollte er ihnen auch klarmachen, dass es nicht besonders viel bringt, sich hinter einen Baum zu verdrücken, wenn man sich vor dem Gott des Universums verstecken will. Nur so ein Gedanke.

Adam antwortete: „Als ich deine Schritte im Garten hörte, habe ich mich versteckt. Ich hatte Angst, weil ich nackt bin" (1. Mose 3,10). Wo bist du?

Ich hatte Angst, Herr. Also habe ich mich versteckt …

❧❧❧❧❧❧❧

Der Weihnachtsmann war zu uns unterwegs.

Ich wusste es, weil in den Nachrichten ein besonderer Wetterbericht kam. Er zeigte ein unscharfes Radarbild von seinem Schlitten, der um die ganze Welt reist. Meine Eltern machten Popcorn auf dem Ofen und wir hockten vor dem Fernseher. Mit einem kleinen Tischkalender hatten wir die Tage gezählt, und endlich war es so weit. Der große Tag war da!

Ich war fasziniert vom Weihnachtsmann.

Wer konnte das schon, was er konnte? Die Sache mit dem Um-die-Welt-Fliegen war für mich nicht halb so interessant wie der Umstand, dass er genau wusste, wer unartig gewesen war. Ich meine, es war natürlich ein logistisch kompliziertes Unterfangen, all das in einer Nacht zu erledigen, und wenn das Wetter nicht mitspielte oder die Rentiere nervös wurden, konnte es schon Schwierigkeiten geben.

Logisch betrachtet könnte es kompliziert werden.

Aber wer in aller Welt überblickt alles, was ein Kind tut, und entscheidet dann, ob es Süßigkeiten bekommt oder nicht? *Das* ist richtiger Stress!

Wer hat schon Zeit für klingende Glöckchen? Wen kümmern Apfel, Nuss und Mandelkern? Es stand viel Wichtigeres auf dem Spiel! Als vierjährige US-Bürgerin kannte ich nur ein Weihnachtslied auswendig – das, auf das am Ende alles ankam.

„He's making a list, he's checkin' it twice. Gonna find out who's been naughty and nice …"[1]

Oha. Er schaut *zweimal* drauf. Diesem Typen entgeht einfach nichts.

Meine kleine Schwester legte die Plätzchen für den Weihnachtsmann sorgfältig auf einen Teller und biss dabei von jedem einmal ab. Ihr ganzes Gesicht war mit Zuckerglasur beschmiert – also war es wahrscheinlich zu diesem Zeitpunkt schon überflüssig – aber für den Fall, dass der Mann in Rot doch noch an seiner Liste arbeitete, tat ich, was jede gute Schwester tun würde: Ich knuffte sie in den Arm und deutete auf den Kamin, während ich die Augen weit aufriss, um sie daran zu erinnern, dass er zuschaute.

Sie ließ das Plätzchen fallen und fing an zu weinen.

Meine Eltern sagten mir, ich solle sie in Ruhe lassen. Offenbar machten sie sich dieses Jahr keine Sorgen um die Weihnachtsgeschenke meiner kleinen Schwester.

Na schön. Ich hatte es wenigstens versucht.

Schon seit Wochen ging das so.

Wenn meine Mutter mir sagte, ich solle mich anziehen, rannte ich zu meinem Schrank und dachte: *Er schaut zu, er schaut zu … Beeilung!*

Ich aß alles, was auf meinem Teller war. Sogar das, was grün war. Ich wagte nicht einmal, mit meinen Puppen zu spielen, damit ich keine Unordnung machte und dann womöglich vergaß aufzuräumen. Ich putzte mir die Zähne, als hinge mein Leben von meiner Zahnhygiene ab.

All der Weihnachtsschmuck und die Geschäfte, die Bilder von ihm zeigten – herausgeputzt in seinem prächtigen roten Anzug –, verfolgten mich wie ein Countdown, der höhnisch auf den Jüngsten Tag zulief. Alle anderen nahmen die Sache gar nicht ernst! Wussten sie nicht, dass er sie sogar im Schlaf beobachtete? Er wusste auch, wann sie wach waren! Da sollte ich wohl einfach lieber brav sein, dachte ich mir.

Als ich ihm sagte, was ich mir wünschte, tat er eigentlich wie ein ganz netter Kerl. Er sah aus wie auf den Bildern und er sagte „Ho, ho, ho", und er erklärte mir, dass er noch sein Rentier füttern müsse.

Aber ich ließ mich nicht in Sicherheit wiegen. Er wusste, wie ungezogen ich gewesen war, und er würde mich dafür büßen lassen.

Ich sehe heute noch vor meinem inneren Auge, wie ich in der Schlange stand, mein schwarzes Samtkleid glatt strich und meine Konkurrenz begutachtete, während ich noch ein Stoßgebet in letzter Minute zum Himmel schickte.

Ich versuchte sicher auch, den Weihnachtsmann auf mich aufmerksam zu machen, als die Kinder neben mir anfingen, sich danebenzubenehmen.

Doch da war immer noch diese bohrende Stimme, die sich bereits in viele meiner Gedanken eingenistet hatte: *Was, wenn …?* Das war der springende Punkt, und wir würden fröhliche Lieder singen und uns hübsch anziehen und dann einfach hoffen, groß abzusahnen. Ich für meinen Teil wusste aber, welche Folgen meine Sünden haben konnten.

> Da war immer noch diese bohrende Stimme, die sich bereits in viele meiner Gedanken eingenistet hatte.

Der Weihnachtsmorgen war nicht für Kinder gedacht, die ungehorsam waren und den Hund beschuldigten, die Treppe hinunter auf die kleine Schwester „gefallen" zu sein. Auf keinen Fall konnte das dem Weihnachtsmann entgangen sein.

Ich lächelte für das obligatorische Weihnachtsfoto und verschwand dann stracks in mein Zimmer. Fürs Protokoll: Ich habe dieses Foto noch, und ich sehe aus wie unter Drogen. Offenbar hatte meine Angst seltsame Dinge mit meinem Gesicht angestellt. Der schreckliche Topf-Haarschnitt (danke, Mutter!) hatte damit *überhaupt* nichts zu tun, war aber ebenso verstörend.

Ich sprang ins Bett und zog mir die Decke bis zum Hals. Ich starrte auf die zwei Plastikkerzen, die meine Mutter mit Malerkrepp aufs Fensterbrett geklebt hatte. Es war ganz still in meinem Zimmer, und ich kniff die Augen zu, damit ich mich auf das konzentrieren konnte, was ich dem Weihnachtsmann zu sagen hatte.

„Lieber Weihnachtsmann, ich weiß, dass du mich beobachtet hast.

Und wenn du mich weckst, wenn du kommst, kann ich dir die Sache mit dem Hund erklären." Ich räusperte mich und erklärte einen Fehler nach dem anderen, der mir einfiel.

Das war mein erster Versuch einer Beichte. Und natürlich richtete sie sich an einen fiktiven Mann, der mit Rentieren flog. Willkommen in meiner Welt.

„Was, wenn ich nicht brav genug war?", flüsterte ich. Tränen rollten mir über die Wangen, und ich drehte mich im Bett um und zog mir die Decke über den Kopf.

Hier drin kann er mich nicht sehen, dachte ich. *Hier bin ich sicher ...*

Und da, am 24. Dezember 1980, lernte ich, wie es sich anfühlt, sich vor dem *einen* verstecken zu wollen, der immer zuschaut.

Früh am Morgen hörte ich meine Schwester Jennifer herumrumoren. Ich konnte Papier zerreißen hören und das Quietschen, das aus dem Wohnzimmer drang.

Ich rührte mich nicht. Mein Nachthemd war durchgeschwitzt, und mir wurde bewusst, dass die Galgenfrist um war.

Es vergingen noch ein paar Minuten, und dann hörte ich, wie sich meine Tür leise quietschend öffnete. Mein Vater kam herein und setzte sich neben mir aufs Bett.

„Angela, deine Schwester ist schon auf und mitten im Geschenkeauspacken. Willst du nicht auch kommen?" Er streichelte mir übers Haar und lächelte.

Ich brach erneut in Tränen aus und wusste nicht, was ich sagen sollte. Mein Vater liebte mich noch – jedenfalls im Moment. Doch ich hatte das Gefühl, das könnte sich ändern, wenn er das Stück Kohle sah, das im Wohnzimmer auf mich wartete. Früher oder später würden alle es sehen, also konnte ich dem Weihnachtsmann genauso gut zuvorkommen und versuchen, ein paar Pluspunkte zu sammeln.

„Papa, ich bin böse gewesen! Er hat mir nichts gebracht, weil ich böse bin, und er weiß es. Ich geh da nicht raus. NIEMALS!"

Ich wollte mir schon wieder die Decke über den Kopf ziehen, aber mein Vater zog sie mir weg. „Spätzchen, das stimmt nicht! Ich war im Wohnzimmer, und ich habe gesehen, was er dir gebracht hat.

Ich finde wirklich, du solltest mal nachschauen. Er hat dir etwas gebracht, das du dir sehr gewünscht hast." Er lächelte erwartungsvoll, und einen Augenblick lang war ich versucht, ihm zu glauben.

Ich schaute ihm forschend in die Augen und dachte an die fünfzig Cent, die ich vor wenigen Tagen aus der Kleingeldschale in der Küche entwendet hatte.

Keine Chance, Papa.

„Du LÜGST! Du willst mich übers Ohr hauen und ich gehe NICHT raus!" Dieses Mal gelang es mir, vollends unter meiner Holly-Hobbie-Decke zu verschwinden. Ich hatte solche Angst, dass ich nach Luft schnappte.

Er blieb bei mir, bis ich nachgab – aber nicht kampflos. Wenn ich mich recht erinnere, trug er mich am Ende ins Wohnzimmer, während ich über seine Schulter starrte, statt nach vorn zu schauen. Ich ließ mir noch einmal von ihm versichern, dass er Spielzeug für mich sah, als wir näher kamen, und als er es mir mehrmals bestätigt hatte, drehte ich mich schließlich um.

Ich werde nie den Augenblick vergessen, als ich selbst hinschaute und sah, dass es wahr war. Der Weihnachtsmann hatte mir Pompons gebracht. Die grün-weißen Pompons, die ich mir gewünscht hatte. Das war ein bedeutender Moment, aber nicht, weil ich bekommen hatte, was ich mir gewünscht hatte, sondern aus einem viel wichtigeren Grund. Etwas, das mein Denken für mein ganzes weiteres Leben prägen sollte.

Er fand mich gut genug! Vielleicht musste ich doch keine Angst mehr vor ihm haben.

Ich tanzte durchs Haus, sang Weihnachtslieder und ließ die Glöckchen an meinem Weihnachtspullover klingen. Etwas Besseres gab es nicht. Alle Süßigkeiten waren mir egal; ich wollte nur als *gut* erachtet werden.

Ich wollte keine Schwierigkeiten mit ihm bekommen, also hatte ich mich versteckt.

Ich hätte mich genauso gut hinter ein paar Bäumen verkriechen können.

Bis heute ist dies eine der Lieblingsgeschichten meiner Eltern, und wenn ich durch die Fotoalben blättere und den Ausdruck auf meinem Gesicht sehe, wie ich das Barbieauto für 300 Millionen Bilder in die Kamera hochhalte, dann kann ich die Freude eines kleinen Mädchens erkennen, das unschuldig war und von Herzen glaubte. Doch für mich gehörte zum Glauben auch die Angst. Immerhin schaute er ja zweimal nach!

❧❧❧❧❧❧❧

Wenn ich an meine Kindheit zurückdenke, gab es darin viel Freude und Liebe. Trotzdem schleppte ich ein unheimliches Gefühl der Angst mit ins Erwachsenenalter hinüber. Meine Eltern halfen mir, so gut sie konnten, doch bis heute spielt Angst eine große Rolle in meinem Glaubensleben. Ich will nicht behaupten, ich wüsste alle Antworten, und ich werde Ihnen auch nicht versprechen, dass Sie am Ende dieses Buchs auf wundersame Art und Weise von Ihrer Angst geheilt sein werden. Allerdings hoffe ich, dass ich Ihnen eine ermutigende Begleiterin auf dem Weg sein kann; eine Schwester, die Ihren Schmerz versteht und den Wunsch kennt, ein angstfreies Leben zu führen. Während ich dieses Buch schrieb, betete ich für jeden Menschen, der es lesen wird, und bat Gott, sich denen von Ihnen zu offenbaren, die in Angst gefangen sind.

Ich bete auch für diejenigen von Ihnen, die dieses Buch lesen und sich nicht unbedingt als ängstlich bezeichnen würden. Ich hoffe, dass einige der Kapitel Sie inspirieren werden, die Teile Ihres Lebens ehrlich zu betrachten, die Sie vielleicht nicht unter der Rubrik „Angst" führen würden. Ich bin zutiefst davon überzeugt, dass jeder von uns in der einen oder anderen Form mit Ängsten zu kämpfen hat – ob es die Angst vor dem Fliegen ist oder die Angst, „entdeckt" zu werden. Vielleicht haben Sie keine Angst vor dem Sterben, aber der Gedanke, dass Sie versagen könnten, macht Sie krank.

In der Bibel begegnen wir immer wieder erstaunlichen Männern und Frauen, deren Geschichten uns daran erinnern, dass wir nicht allein sind und unsere Ängste und Probleme Gott nicht unbekannt sind. Ich weiß, dass ich beim Schreiben dieses Buches auf weiten Strecken Dinge entdeckte, die ich noch nie gesehen hatte. Ich glaube, dass Gott mir dabei die Augen für Verse geöffnet hat, die ich oft nur flüchtig überlesen habe, ohne die volle Größe dessen zu begreifen, was dort gesagt wird.

Bitte hören Sie sich an, was ich dazu zu sagen habe.

Es kommt von Herzen. Ich werde Ihnen nicht mit der Bibel eins über den Kopf ziehen und Ihnen sagen: Wenn Sie Gott wirklich lieben würden, hätten Sie keine Angst. Ich glaube, das ist nicht realistisch. Ja, Gott wünscht sich, dass Sie frei von der Macht der Angst sind, aber es ist nicht vernünftig zu sagen, dass Sie in Ihrem Leben nie wieder Angst haben werden, wenn Sie ein guter Christ sind. Ich bin Menschen begegnet, die mir – vielleicht ohne es zu wissen – dieses Gefühl vermittelt haben, und es hat mich zutiefst verletzt.

> Ich werde Ihnen nicht mit der Bibel eins über den Kopf ziehen und Ihnen sagen: Wenn Sie Gott wirklich lieben würden, hätten Sie keine Angst.

In der Gesellschaft der Männer und Frauen von 1. Mose bis zur Offenbarung habe ich viel Trost gefunden, und sie haben mir die Hoffnung gegeben, dass ich es nicht allein schaffen muss. Mehr noch: Diese Personen aus der Bibel sind über die Jahre meine Freunde geworden. Ich suche Rat bei ihnen, wenn ich wissen will, wie andere Menschen mit echten, menschlichen Gefühlen umgegangen sind. Manche von ihnen haben kläglich versagt. Ehrlich gesagt nimmt das sehr viel Druck weg; ich muss mich nicht mehr fühlen, als wäre ich der erste Mensch, der Gott gleichzeitig liebt und zu enttäuschen glaubt.

Vor vielen Jahren war ich in einem Hauskreis mit einigen wunderbaren Frauen, die ich alle respektierte und denen ich vertraute. Eines Abends erzählte eine Frau aus der Gruppe, sie habe Angst, dass ihr etwas Schreckliches zustoßen könnte. Sie fing an zu weinen, als sie von den entsetzlichen Bildern sprach, die sie quälten. Dabei fiel mir auf, dass nach und nach fast jede von uns ihre eigene Version von dem, was sie gerade berichtet hatte, erzählte. Da waren wir schon jahrelang als Gruppe zusammen, doch das war nie zur Sprache gekommen. Es war, als hätten sich die Schleusen geöffnet. Hier saß eine Gruppe von Frauen Seite an Seite und sprach über Dinge, die jede einzelne seit Jahrzehnten mit sich herumgeschleppt hatte, weil sie dachte, niemand würde sie verstehen. Wenn ich mich recht erinnere, gab es nur eine junge Frau, die nichts sagte, und ich bin mir ziemlich sicher, der einzige Grund dafür war, dass sie Angst hatte, vor einer Gruppe zu reden.

Wir haben einen sehr realen Feind, der triumphiert, wenn wir schweigen.

Er will nicht, dass wir Gemeinschaft haben, einander mitteilen, was wir auf dem Herzen haben, und nach Antworten auf die Frage suchen, wie wir ein Leben führen können, das Gott verherrlicht – trotz der Dunkelheit, die wir spüren. Ich kann ehrlich sagen, dass ich mich nicht erinnern kann, je solch einen geistlichen Kampf gespürt zu haben wie den, als ich diese Worte schrieb. Mein Gebet – nicht nur für mich selbst – ist, dass wir zu Frauen werden, die sagen können, dass sie Gott voll und ganz vertrauen und ihn mitten in unserer Angst von Herzen suchen.

Wir werden uns in diesem Buch mit verschiedenen Arten von Angst beschäftigen. Dabei werde ich Ihnen einige vertraute und einige nicht so vertraute Personen vorstellen, in der Hoffnung, dass Sie sich selbst in ihnen erkennen – so vage es auch immer sein mag.

In den letzten Jahren musste ich mich meinen größten Ängsten stellen. Ich kann nicht behaupten, es sei nicht unglaublich schwer gewesen; aber ich kann sagen: *Ich vertraue Gott, und ich stehe noch aufrecht.*

Ich durfte erleben, dass einige meiner schlimmsten Albträume wahr geworden sind und ich es durchgestanden habe. Dabei habe ich Gott vertrauen gelernt, wie ich es vorher nie musste, und das tröstet mich Tag für Tag auf dem Weg durch die Schatten. Mein Gebet ist, dass Sie am Ende dieses Buches wieder wissen, dass Sie einen Gott haben, dem Ihre Ängste nicht unbekannt sind. Er verspottet Sie nicht dafür, und Sie bekommen kein „Ungenügend", weil Sie Augenblicke des Zweifels hatten.

Ich hoffe, Sie müssen nicht mehr im Bett liegen und sich fragen, ob Sie „gut genug" waren. Ihr Name wird nicht bei den „Ungezogenen" auftauchen, und Sie werden nicht für Ihre Charakterschwächen verspottet.

Vor allem wünsche ich mir von Herzen für Sie, dass Sie jeden neuen Tag erwarten, als würde jemand dort auf Sie warten. Die Art von Liebe, die über unsere Ängste hinaussieht, macht es möglich.

Und wer weiß? Vielleicht bekommen Sie ja Pompons und einen neuen Haarschnitt, wenn Sie sich bis ins Wohnzimmer wagen.

❧❧❧❧❧

Gott, sei bei uns auf unserer gemeinsamen Reise durch unsere Ängste. Schenke uns Verständnis, Frieden und die Weisheit, dich zu suchen, wenn wir den Boden unter den Füßen verlieren. Segne die, die dieses Buch lesen, mit dem, was sie aus diesen Kapiteln mitnehmen sollen. Inspiriere sie, ein Leben zu beginnen, das mit der Barmherzigkeit erfüllt ist, die unsere Seele zufrieden macht.

1 Am Brunnen

Die Angst vor dem „Was, wenn ..."

Eigentlich hatte sie doch getan, was man von ihr verlangte.

Hagar hatte auf Saras Drängen hin mit Abraham einen Sohn bekommen. Sara sah keinen anderen Weg, das Vermächtnis ihres Mannes am Leben zu erhalten, als ihre Dienerin von ihm schwängern zu lassen, und sie hatte Abraham ihren Plan vorgelegt. Er hatte eingewilligt, obwohl Gott ihm eine Verheißung gegeben hatte, bei der von einer anderen Frau nicht die Rede gewesen war.

Offenbar nahm Gottes Plan nicht den Verlauf, den Sara erwartet hatte, also nahm sie die Sache selbst in die Hand.

Genau das tun wir doch, wenn wir Angst haben, oder?

Wir packen das Problem und schütteln so lange, bis auch die Ecken, die uns unsinnig erscheinen, nach unseren Wünschen ausgefüllt sind.

Ein Gespräch, das ich mit Gott über die Jahre in tausend Variationen geführt habe, klingt ungefähr so: „Gott, ich habe gehört, dass du das gesagt hast ... aber scheinbar hast du deine eigenen Worte vergessen. Offenbar muss ich das hier selbst in die Hand nehmen, damit alles in die richtigen Bahnen kommt, also werde ich schon mal loslegen, und du kannst mich ja dann unterwegs einholen. Okay?"

> Oft verlief dieser Prozess so unterschwellig, dass ich erst viel später erkannte, wie sehr ich Gott ins Handwerk gepfuscht hatte.

Oft verlief dieser Prozess so unterschwellig, dass ich erst viel später erkannte, wie sehr ich Gott ins Handwerk gepfuscht hatte. Hinter dem allen steckt die Stimme Satans, der sich wünscht, dass ich mir immer weiter Sorgen mache, mich anstrenge und alles manipuliere, was ich in die Hände bekomme.

Saras Plan verlief auch nicht ganz so, wie sie es erhofft hatte: Jahre später war sie selbst mit einem Sohn schwanger und sehr eifersüchtig auf die Frau, die aufgrund ihrer eigenen Manipulationen den ersten Sohn ihres Mannes zur Welt gebracht hatte. Doch selbst nachdem Sara und Abraham aus Angst und Unglauben aktiv geworden waren, erfüllte Gott seine Verheißung und gab ihnen einen Sohn, Isaak. Bei einem Fest zu Ehren Isaaks sieht Sara Hagars Sohn Ismael lachen – und das ist der Tropfen, der das Fass zum Überlaufen bringt. Sie verlangt von Abraham, Hagar mit ihrem Sohn auf die Straße zu setzen.

Ich werde oft daran erinnert, was ich alles unternommen habe, um Gott zu „helfen", und sicher fallen auch Ihnen solche Situationen ein. Wir wollen Gott vertrauen, und bis zu einem gewissen Grad tun wir das auch. Doch dann kommen Zeiten, in denen wir die Welt nicht mehr verstehen, und wir verlassen uns auf unsere eigene Kraft und schlagen uns in Gedanken mit der einen Frage herum, die dieser Angst zugrunde liegt:

Wo bist du bei alldem, Gott?

Ich glaube, das war Saras brennendste Frage, als sie ihren Mann drängte, Hagar zu verstoßen, und das große Leid, das folgte, muss ihr das Herz gebrochen haben:

Ich hätte auf dich hören sollen, Gott. Ich hätte dir vertrauen sollen, auch wenn ich deine Hand in meinem Leben nicht sehen konnte … Schau nur, was ich angerichtet habe …

Immer, wenn ich diese Geschichte aus 1. Mose gelesen habe, habe ich mich selbst in Sara wiedergefunden: Ich verfange mich in meinen eigenen Plänen, bis ich fast daran zerbreche. Auf Hagar habe ich allerdings nie so sehr geachtet. Als ich neulich den Abschnitt noch einmal las, war ich fasziniert von dieser Frau und ihrer Geschichte. Ich habe mich mit ihr auf den Weg durch ihre Lebensprüfungen gemacht und wurde am Ende von Gott beschenkt. Ich hoffe, dass auch Sie davon profitieren werden, wenn Sie jemals Angst vor dem „*Was, wenn …*" hatten.

☙❧☙❧☙❧

Ich kann mich noch sehr genau daran erinnern, wie ich als Kind wegen Angstzuständen ins Krankenhaus kam. Bereits im Alter von zwei oder drei Jahren begann ich, mir um Dinge Sorgen zu machen, um die sich Kinder eigentlich keine Sorgen machen müssen. Ich bestand darauf, dass mein Vater zur Schlafenszeit mit mir durchs Haus ging, damit ich nachschauen konnte, ob die Haustür abgeschlossen und der Herd ausgeschaltet war, ob meine kleine Schwester noch atmete und so weiter. Schon damals quälten mich Gedanken darüber, was ihnen zustoßen könnte, wenn ich nicht aufpasste. Mit jedem Monat wurden diese Ängste schlimmer, und meine Eltern beschlossen, dass es vielleicht gut wäre, eine Psychologin zu konsultieren. Jede Woche hatte ich einen Termin bei dieser sehr netten Dame: Sie forderte mich auf, bestimmte Bilder zu malen, und anschließend sollte ich sie beschreiben.

Ich war ein ziemlich schlaues Kind, also war mir schon nach der zweiten Woche klar, dass sie sich mehr für die Bilder interessierte, in denen ich traurig aussah und alle anderen fröhlich. Bereits damals wollte ich es immer allen recht machen, also malte ich, was das Zeug hielt.

Die Psychologin hielt meine Bilder für ein Fenster zu meiner Seele, doch in Wahrheit wusste ich, dass meine Eltern mit mir zum Mexikaner statt zu Burger King gehen würden, wenn ich mich als unglückliches Kind darstellte.

Wir saßen dann in einer geräumigen Nische, meine Eltern mir gegenüber, und sprachen über das, was an dem Tag in der Sitzung bei der Psychologin passiert war. Ich stippte meine Tortillachips in die Salsa und erzählte ihnen, dass die nette Dame mir Buntstifte gegeben hatte und dass ich ein Bild gemalt hatte, in dem ich mich draußen vor dem Haus befand statt mit ihnen im Haus. Wir bestellten, und ich erzählte detailliert von dem „Strichmännchen" Angela, das weglief und ein trauriges Gesicht hatte, während alle anderen in meiner Familie fröhlich strahlten.

„Warum fühlst du dich so, Schatz?" Meine Mutter nippte an ihrer Cola und versuchte zu verstehen, was sie falsch gemacht hatte.

Inzwischen war ich überzeugt davon, dass ich garantiert bis zu mexikanischer Eiscreme vordringen konnte, wenn ich das Gespräch am Laufen halten konnte, bis wir unsere frittierten Burritos aufgegessen hatten.

Sosehr ich auch die Aufmerksamkeit meiner Eltern genoss, bin ich mir heute nicht mehr so sicher, ob diese frühen Therapiesitzungen mir mehr brachten als eine Liebe zu Tacos und Exklusivzeit mit Mama und Papa. Ich erinnere mich sehr deutlich daran, dass ich es für dumm hielt, bei der Psychologin irgendwelche Bilder zu malen, denn das war nur „so tun, als ob". Was ich fürchtete, war die *Realität*. Und an diesen Ängsten konnte die nette Dame nichts ändern. Die Bilder waren nur Bilder. Im echten Leben konnte eine ganze Menge schiefgehen!

Ich fragte meinen Vater aus, was er tun würde, wenn jemand mitten in der Nacht in unser Haus einbräche. Wir gingen alle möglichen Szenarien durch, damit ich mich sicher fühlte, und am Ende schlief ich, erschöpft vom vielen Sorgenmachen, ein. Ich erinnere mich noch daran, wie ich ihn bat, alle möglichen Dinge im Haus hochzuheben, damit ich sehen konnte, wie stark er war. Offenbar bestand er den Test, denn irgendwann fragte ich ihn, ob er, wenn nötig, die Toilette aus ihrer Verankerung im Badezimmerboden reißen könnte. Er erklärte mir, so weit würde es sicher nicht kommen. Ich war zwar nicht zufrieden mit seiner Antwort, aber ich weiß auch nicht mehr genau, wie die Toilette überhaupt ins Spiel kam.

Die Ängste lösten sich nicht auf, und als ich fünf oder sechs Jahre alt war, entschieden meine Eltern, dass ein Klinikaufenthalt nötig war. Mein Krankenhauszimmer war klein; in der Ecke hing ein kleiner Fernseher und neben dem Bett stand eine Kommode. Das Bett ließ sich hoch- und runterfahren, und damit vertrieb ich mir die Zeit, wenn meine Mutter auf dem Flur telefonierte. Ich stellte mir vor, dass mein Bett der höhenverstellbare Stuhl im Friseursalon war, in den meine Mutter immer ging. Dann wieder tat ich so, als wäre mein Bett eine Achterbahn. Damit waren meine Gedanken eine Weile abgelenkt, aber irgendwann landeten sie immer wieder bei der Tatsache, dass ich in einem Krankenhausbett lag. Während meines Aufenthalts wurden eine Menge Tests durchgeführt, und ich bekam viel Eis am Stiel. Ich weiß nicht, ob es am Ende eine richtige Diagnose gab, aber man war sich einig, dass ich ein Magengeschwür im Frühstadium und schwere, abnormale Ängste hatte.

Ich hasste das Krankenhaus. Das Schlimmste daran war für mich, allein in meinem Zimmer zu sein. Ich kletterte von dem großen Bett, schlich auf Zehenspitzen zur Tür und öffnete sie gerade weit genug, um im Flur nachschauen zu können, ob mich auch niemand bemerkte. Dann glitt ich so leise wie möglich an der Wand entlang, bis ich an der gelben Linie stand. Die gelbe Linie war Klebeband, das quer über den Boden des Gangs geklebt war und die Grenze für die Kinder auf der Station darstellte. Diese Linie durften wir unter keinen Umständen überschreiten, und da ich schon immer eine Regeleinhalterin war, kam es mir nie auch nur in den Sinn, sie zu übertreten. Ich schlich mich so nahe heran, wie ich konnte, bis meine Zehen den Rand der Linie berührten, und dann lauschte ich, ob ich die Stimme meiner Mutter ausmachen konnte. Ich hörte sie am Münzfernsprecher telefonieren. Unter Tränen sprach sie über das, was mit mir los war. Mehr als einmal schlief ich dort ein und wurde von einer der Schwestern zurück in mein Bett mit den gestärkten weißen Laken getragen.

Sie versuchten mich zu trösten, doch nichts konnte mich beruhigen, bis meine Mutter zurückkam. Also dachte ich mir Zählspiele aus und starrte auf das flackernde Licht vom Fernseher, das durchs Zimmer tanzte.

Ich kann jenes kleine Mädchen noch vor meinem inneren Auge sehen – zu klein, um wieder selbst in das große Bett zu kommen –, und ich trauere noch um die Teile seiner Kindheit, die es versäumt hat. Es ist nicht so, als hätte ich keine glückliche Kindheit gehabt, denn meine Kindheit war eigentlich sehr glücklich. Doch ich konnte mich nicht dazu bringen, irgendetwas aus vollstem Herzen und ausgelassen zu tun, wie ein Kind es normalerweise sollte. Zu viel stand auf dem Spiel – schon damals. Ich musste alles unter Kontrolle haben, oder die Welt würde aus den Fugen geraten.

Zu den schwersten Dingen in jener Zeit gehörte es, von meinen Eltern getrennt zu sein. Ich fürchtete, dass etwas passieren könnte, und ich wäre nicht da, um es zu verhindern. Kurz bevor ich in die zweite Klasse kam, bekam mein Vater eine neue Stelle, und wir zogen nach Kobe in Japan um. Während wir auf der Suche nach einem Haus waren, wohnten wir monatelang im Hotel. Ich habe noch wunderbare Erinnerungen daran, wie ich meine Mutter dabei beobachtete, wie sie sich das Gesicht eincremte und dabei vor sich hin summte. Ich lag mit angewinkelten Beinen auf dem Bauch, ließ die Füße in der Luft tanzen und bat sie, jeden Schritt ihres Schönheitsrituals zu beschreiben.

Für mich war sie wunderschön. Vor allem aber war sie verletzlich.

Nach einigen Wochen begann für mich die Zeit in der neuen Schule. Mehrere Tage nacheinander rebellierte mein Magen heftig, je näher das große rote „X" auf dem Kalender rückte. Als dann der Tag des Schulbeginns gekommen war, stieg ich mit meiner Mutter und meiner Schwester in ein Taxi, und wir begaben uns auf die halbstündige Fahrt zu meiner neuen Schule. Die ganze Zeit über schluchzte ich herzzerreißend, klammerte mich an die zarten Hände meiner Mutter und flehte sie an, wieder mit ihr ins Hotel fahren zu dürfen. Ich werde nie vergessen, wie wir vor dem großen Schulgebäude anhielten. Überall waren Kinder und Chaos.

Meine Schwester gab meiner Mutter einen Kuss, sprang aus dem Auto und rannte zu ihren neuen Freunden und ihrer Vorschullehrerin. Ich hingegen ließ den Türgriff nicht los und zitterte vor Angst.

Ich fing an zu weinen. „Bitte, Mami, lass mich nicht allein! Lass mich nicht hier! Wenn etwas passiert …" Ich vergrub den Kopf in ihrem Schoß und klammerte mich an ihren Rocksaum.

„Mein Schatz, alle gehen in die Schule. Schau nur deine Schwester an! Sie ist einfach losgerannt, und sie lacht schon und spielt mit ihren neuen Freunden. Du musst hier vor nichts Angst haben." Ihre Finger rochen nach Zigaretten und Gesichtspuder.

Ich weiß noch, dass ich dachte, sie sei verrückt, so etwas zu sagen. *Vor nichts Angst haben?* Natürlich gab es Dinge, vor denen man Angst haben musste. Sie könnte auf dem Heimweg von einem Auto angefahren werden. Sie könnte im Hotelzimmer überfallen werden. Ein Flugzeug könnte auf sie stürzen, während sie beim Einkaufen über die Straße lief. *Ich muss vor nichts Angst haben?* Lächerlich! Es gab *alles Mögliche*, wovor ich zu Recht Angst hatte.

Meine Finger verkrampften sich, während alle möglichen Szenarien in meinem Kopf immer riesigere Dimensionen annahmen. Vor Panik begann ich, um mich zu treten. Ich sagte ihr, dass ich sie nicht loslassen würde. Das Traurigste daran war, dass ich nicht unbedingt vor etwas Angst hatte, das *mir* zustoßen könnte, während ich auf dem Schulhof spielte, sondern vielmehr, dass meiner Mutter in dem Taxi etwas passieren könnte, wenn ich nicht dabei war. Die Verantwortung, die ich mir selbst auferlegte, die Menschen in meinem Umfeld zu schützen, war schon in Zwanghaftigkeit umgeschlagen, noch bevor ich lesen konnte, und daran sollte sich nicht so bald etwas ändern.

Nach einigen Minuten gab meine Mutter dem Taxifahrer mit einem Handzeichen zu verstehen, er solle zurück zum Hotel fahren. Sie sagte mir, wir würden am nächsten Tag wiederkommen, und dann müsste ich aussteigen. Sie würde mich noch einen Tag bei sich daheim behalten, aber nicht mehr. Ich zitterte vor Erleichterung und bedankte mich immer wieder bei ihr. Allerdings fragte ich mich irgendwie, ob es nicht umgekehrt sein sollte; immerhin beschützte ich sie ja.

Wie bei allen anderen Ängsten, gegen die ich in meinem Leben zu kämpfen hatte (und wahrscheinlich ist es bei Ihnen nicht anders), ist das Hauptproblem das Gefühl, dass man eine Situation nicht unter Kontrolle hat. Vielleicht sollte ich aber genauer sagen: die Erkenntnis, dass man *tatsächlich* nicht alles unter Kontrolle hat.

> Wie bei allen anderen Ängsten, gegen die ich in meinem Leben zu kämpfen hatte, ist das Hauptproblem das Gefühl, dass man eine Situation nicht unter Kontrolle hat.

Für mich war und ist das besonders schwer, wenn es darum geht, liebe Menschen vor Schaden zu schützen. Als Siebenjährige war ich überzeugt davon, dass etwas Schlimmes passieren konnte, wenn ich nicht da war. Und falls tatsächlich etwas Schlimmes geschah, würde die Verantwortung dafür für den Rest meines Lebens auf meinen Schultern lasten. Damit konnte ich nicht leben.

Wenn ich eingeladen war, bei einer Freundin zu übernachten, brach ich in Tränen aus. Ich wollte mit allen befreundet sein, und ich wusste, dass die Pyjamaparty ein Riesenspaß werden würde, aber das bedeutete ja, dass ich über Nacht nicht daheim war, und dieser Gedanke war mir unerträglich. Meine Eltern ermutigten mich immer zu gehen und versicherten mir, dass sie mich abholen würden, wenn es nötig war – selbst mitten in der Nacht. Ein paar wenige Mal packte ich Schlafanzug, Zahnpasta und das Buch *Unsere kleine Farm* ein und ließ mich von meiner Mutter bei meinen Freundinnen absetzen. Doch aus mehreren Gründen waren diese Aktionen immer ein Flop. Erstens ging ich immer vor Mitternacht nach Hause, und zweitens war ich eine Sechstklässlerin, deren Vorliebe für Laura Ingalls größer war als ihre Konzentration bei „Mord im Dunkeln". Irgendwann sprach sich herum, dass es sich nicht lohnte, mich einzuladen – es sei denn, man wollte wieder einmal richtig etwas zum Lachen haben.

Ich war die absolute Spaßbremse, und obwohl ich über die Jahre einige Mechanismen entwickelte, die mir halfen, verschwand die Angst nie ganz. Übrigens ebenso wenig wie meine Liebe zum Leben in der Prärie, was sich in späteren Jahren als noch peinlicher herausstellen sollte.

Mein Vater könnte Ihnen erzählen, dass ich, selbst als ich zum Studieren wegging, immer noch das fürchtete, was in meiner Abwesenheit passieren könnte. Immer wieder versicherten mir meine Eltern, dass es ihnen gut ging und dass ich mir das Collegeleben nicht entgehen lassen sollte, nur weil ich mir Sorgen um sie machte. Einige Monate nach meinem Auszug kam mein Cousin bei einem Autounfall ums Leben. Wir hatten uns nicht besonders nahegestanden, doch sein Tod erschütterte mich trotzdem, und all die Gefühle, die ich versucht hatte zu unterdrücken, überwältigten mich. Siehst du? Es ist passiert. Es passiert überall, und nicht nur bei anderen Leuten. Jetzt ist es sogar in meiner eigenen Familie möglich.

Ich fuhr in den Weihnachtsferien nach Hause, und meine Eltern merkten sofort, dass es mir nicht gut ging. Ich machte einen Termin bei einem Psychiater aus, der Medikamente für die beste Lösung hielt. Leider hatte dieser spezielle Arzt kein gutes Händchen für die Dosierung, und nach mehreren Ohnmachts- und Krampfanfällen wurde ich ins Krankenhaus eingewiesen. Nach und nach entwöhnte man mich dort von dem Medikament und erklärte mir, dass die Dosis für meine Größe und mein Gewicht etwa zehnmal zu hoch gewesen war. Ich lag ungefähr eine Woche im Krankenhaus, bis sich mein Zustand stabilisiert hatte, und dann wurde ich wieder entlassen – hinein in das Umfeld, das meine größten Ängste zutage förderte.

Bei vielen Frauen, die ich kenne, ist dieser Gedanke des „Was, wenn …" im Hinterkopf immer überdimensional präsent. Man muss sich beide Seiten dieses Gedankens klarmachen, um ihn als die Gefahr entlarven zu können, die er darstellt.

Die eine Seite ist der Gedanke, dass in der Zukunft etwas passieren könnte, und die andere die Angst, dass wir in der Vergangenheit eine schlechte Entscheidung getroffen haben und andernfalls das Leben hätte anders verlaufen können.

Bleiben wir doch einmal einen Moment bei Letzterem. Sicher können Sie sich mit einigen der folgenden Beispiele identifizieren:

- *„Was, wenn ich auf meine Instinkte gehört hätte, dass das Baby sich nicht mehr so oft bewegt? Wäre unsere Tochter dann heute am Leben?"*
- *„Was, wenn ich bei meinem Mann geblieben wäre? Wäre mein Leben dann besser?"*

- „*Was, wenn ich das nicht gesagt hätte? Hätten die anderen mich dann akzeptiert?*"
- „*Was, wenn ich die Anzeichen dafür bemerkt hätte, dass er sich nicht wohlfühlt? Hätte ich es dann verhindern können?*"
- „*Was, wenn ich doch meinen Studienabschluss gemacht hätte? Hätte ich dann heute eine bessere Arbeit?*"
- „*Was, wenn ich fester zu meiner Überzeugung gestanden hätte? Wäre ich dann heute in dieser Situation gefangen?*"

Ich möchte gleich vorausschicken, dass nur wenige Tage vergehen, ohne dass irgendeiner von uns Selbstgespräche über das führt, was hätte sein können. Es mag so etwas Banales betreffen wie der Wunsch, wir hätten etwas Gesünderes zum Frühstück gegessen. Fakt ist aber, dass wir einen großen Teil unseres Lebens damit verbringen, zurückzublicken. Solches Denken kann uns mit Schuld, Scham, Reue und Angst belasten.

> Fakt ist, dass wir einen großen Teil unseres Lebens damit verbringen, zurückzublicken.

In meiner Gemeinde gab es eine liebe Frau, die in der 39. Schwangerschaftswoche ihr Kind verloren hatte. Nach dem Gottesdienst begegnete sie mir im Foyer und erzählte mir unter Tränen, dass ihr Sohn wegen eines Problems mit der Nabelschnur gestorben war. Drei Jahre lag der Vorfall zurück, doch sie erinnerte sich immer noch an den Tag vor seinem Tod, als sie spürte, wie die Kindsbewegungen sich veränderten. Da sie bereits zwei Kinder hatte, war sie nicht übermäßig besorgt und redete sich ein, er habe nur einen ruhigen Tag. Doch am nächsten Morgen war ihre Angst nicht mehr zu bändigen. Sie ging ins Krankenhaus, wo man ihr mitteilte, dass ihr Sohn tot war. Die Geburt wurde eingeleitet, und sie machte stundenlang Wehen durch, bis das Kind zur Welt kam, das sie nur noch tot in den Armen halten konnte. Als sie wieder nach Hause kam, saß sie weinend im Babyzimmer und fragte sich, was gewesen wäre, wenn …

Selbst als sie mir ihre Geschichte erzählte, stellte sie wieder diese Frage, die sie all die Jahre verfolgt und ihren Glauben in seinen Grundfesten erschüttert hatte. Wie gerne wäre sie zu jenem Moment zurückgekehrt, als sie zum ersten Mal Besorgnis verspürt hatte, um dann alles anders zu machen. Sicher spielte sie in den Monaten nach dem Verlust immer wieder alle möglichen Szenarien durch. Ihr Mann und ihre anderen Kinder blieben auf der Strecke, während sie immer tiefer in den Strudel des „Was wäre, wenn ..." geriet. Mit jedem Weihnachtsfest und Jahrestag stellte sich auch die bohrende Stimme wieder ein, die sie höhnisch dazu drängte, sich vorzustellen, wie alles hätte anders kommen können, wenn sie einen Tag eher ins Krankenhaus gegangen wäre.

Nur allzu leicht verfallen wir der Angst, wir könnten etwas Gutes ruiniert haben. Der Angst, wir hätten es in der Hand gehabt, richtig zu handeln, nun aber in den Trümmern leben zu müssen, die zurückgeblieben sind. Und öfter, als wir zugeben mögen, begeben wir uns in Situationen, in denen wir meinen, die Vergangenheit geradezurücken zu können, nur um festzustellen, dass wir danach auch nicht mehr Frieden haben als zuvor. Wir haben nicht die Macht, etwas an der Vergangenheit zu ändern, sind aber von dem Gefühl gelähmt, die Leinwand unwiederbringlich beschmutzt zu haben, auf der das Bild unseres Lebens gemalt wird.

Vor Jahren kannte ich eine junge Frau, die verheiratet war und drei Kinder hatte. Von außen hätte man meinen können, sie habe das perfekte Leben, doch sie fragte sich insgeheim, ob sie sich für den richtigen Mann entschieden hatte. Bevor sie ihren Ehemann kennenlernte, hatte ein anderer Mann ihr das Herz gebrochen, und sie war nie wirklich darüber hinweggekommen. Am Ende hatte sie eine Affäre und verließ ihren Mann, weil sie sich danach sehnte zu wissen, was sie vielleicht verpasst hatte.

Sie war so damit beschäftigt, in den Rückspiegel zu schauen, dass sie ungebremst in eine Zukunft raste, die ganz und gar nicht das war, was sie wollte.

Es gibt einen Unterschied zwischen dem Lernen aus vergangenen

Fehlern und dem endlosen Grübeln über die tausendundeins Möglichkeiten, wie wir es hätten besser machen können. Ich kann Ihnen aus Erfahrung sagen, dass ein solches Denken nichts Gutes hervorbringt.

Denken Sie doch einmal für ein paar Minuten über eine Situation in Ihrem Leben nach, die Sie im Nachhinein gern anders gehandhabt hätten. Mir fallen beim Schreiben gleich mehrere ein, und ich merke, dass ich versucht bin, mich deswegen verrückt zu machen. Ich merke, wie die Angst in mir aufsteigt, mehr Schaden angerichtet zu haben, als behoben werden kann.

Tief in mir spüre ich die Neugier zu wissen, was wohl hätte sein können. Wenn ich mir gestatte, dem nachzugehen, kann es sein, dass ich viele schlaflose Nächte mit meinen Zweifeln verbringe. Ich glaube, dass Satan auf solche Momente lauert und uns mit unseren eigenen Selbstzweifeln quält. Er freut sich, wenn wir die Situationen in Gedanken immer wieder durchspielen und uns verzweifelt wünschen, alles wäre anders gekommen. Die Bibel gibt uns dazu einen nachdrücklichen Rat mit auf den Weg, und ich möchte Sie ermutigen, daraus Kraft zu ziehen, wenn die Zweifel kommen:

Mit diesen Waffen zerschlagen wir all die hochtrabenden Argumente, die die Menschen davon abhalten, Gott zu erkennen. Mit diesen Waffen bezwingen wir ihre widerstrebenden Gedanken und lehren sie, Christus zu gehorchen. (2. Korinther 10,5)

Wir können nicht in das Wartezimmer zurückkehren, nicht in das Haus des Freundes oder zu dem Augenblick, in dem die Tür hinter uns zuschlug. Doch wir können mit unserer Reue zum Thron der Gnade gehen und uns von Jesus befreien lassen, wie nur er es kann. Nehmen wir diese Gedanken gefangen, bevor sie uns gefangen nehmen. Sobald die Gedanken kommen, müssen wir die bewusste Entscheidung treffen, alles am Fuß des Kreuzes abzulegen – und es dort zu lassen. Wird uns das immer ganz gelingen? Wahrscheinlich nicht. Aber es wird uns Kraft geben, unsere Last bei jemandem abzuladen, der stark genug ist, sie zu tragen. Wir sollen nicht mit einem Haufen verpasster Gelegenheiten auf den Schultern durchs Leben gehen, der uns zu Boden drückt. Wenn es kein Gedanke ist, der uns zu gutem Handeln in der Zukunft anspornt, ist er es nicht wert, ihm Raum zu geben. Legen wir unsere Last im Gebet in Gottes Hände und bitten wir ihn, dass er uns hilft, uns seiner Autorität und Führung unterzuordnen und unser von Bedauern beherrschtes Leben hinter uns zu lassen. Um von der Last der Schuld in unserer Vergangenheit freizukommen, müssen wir vor Gott konkret dafür Buße tun, soweit uns das möglich ist.

> Wir sollen nicht
> mit einem Haufen
> verpasster Gelegenheiten
> auf den Schultern durchs
> Leben gehen.

Ich bin jemand, der sich ständig Sorgen um die Zukunft macht, und diese Sorgen muss ich mehrmals täglich bei Gott abladen. Ich habe Angst, dass er mich irgendwie vergessen hat und ich auf mich allein gestellt bin. Ich nehme die Dinge selbst in die Hand, doch er erinnert mich daran, dass er nicht weggegangen ist. Es gibt immer einen Augenblick, in dem ich spüre, wie seine sanfte Stimme mich beruhigt – doch meist kommt die Erleichterung erst im Rückblick, statt dass ich im fraglichen Moment vertrauen könnte. Ich will so gern eine Frau sein, die in dem Augenblick lebt, den Gott ihr geschenkt hat, voller Zuversicht für die Zukunft. Ich weiß, dass Gottes Weg nicht immer so aussieht, wie ich es gern hätte, doch ich möchte das Wissen verinnerlichen, dass er mich niemals verlassen und nie seine Hand wegziehen wird.

Wo bist du, Gott?

Gehen wir für einen Moment zu Hagar zurück, während wir darüber nachdenken, wie wir uns durch diese Angst hindurchkämpfen.

⊙❦⊙❦⊙❦⊙

Sie rannte, bis sie nicht mehr rennen konnte. Dann kapitulierte sie und ließ sich zu Boden fallen.

Abraham hatte ihr beim Abschied einigen Proviant mitgegeben, doch jetzt musste sie der Tatsache ins Auge sehen, dass sie ihrem Sohn nichts zu essen geben konnte. Sie war verzweifelt und allein, und sie fragte sich sicher, warum Gott sie all das durchmachen ließ – nur damit sie am Ende in der Wüste landete und ihren Sohn leiden sah. Da sie wusste, dass er sterben würde, legte sie ihn unter einen Busch und entfernte sich ein paar Schritte. Sie schloss die Augen. Sie konnte nicht zusehen, wie ihr einziger Sohn vor ihren Augen verhungerte.

Gott hörte den Jungen rufen, und ein Engel des Herrn fragte die Mutter: „Hagar, was ist mit dir?" (1. Mose 21,17).

Ich lehne mich mal etwas aus dem Fenster und behaupte, Gott wusste ganz genau, was das Problem war.

Der Engel sagt dann zu Hagar, sie solle sich nicht fürchten und dass der Herr ihren Sohn weinen gehört hatte.

Wo bist du, Gott?

Seine Antwort trifft sie wie sanfte Regentropfen.

Ich habe ihn gehört. Ich bin hier.

In jenem Moment gestattet Gott Hagar einen kleinen Einblick in die Zukunft ihres Sohnes. Diesen Luxus haben wir zwar nicht immer, doch wir haben die Stimme, die sagt: „Ich habe dich gehört." Manchmal hören wir sie deutlicher als in anderen Situationen, aber sie ist immer da.

Ich habe diese Geschichte wohl Dutzende Male gelesen, ohne zu begreifen, was als Nächstes passiert. In der Bibel heißt es, dass Gott Hagar die Augen öffnet und sie einen Brunnen sieht. Wie praktisch! Und wie hatte sie den Brunnen nur übersehen können?

Man beachte, dass es *nicht* heißt, dass Gott direkt neben Hagar einen Brunnen aus dem Boden stampfte, sondern dass er ihr die Augen öffnete, sodass sie ihn sehen konnte.

Nicht ihre Umstände änderten sich, *sondern ihr Blick*.

Ich hatte einmal gelesen, dass das hebräische Wort für „Sehen" dem Wort für „Angst" sehr ähnlich ist, und endlich dämmerte es mir[2]:

In ihrer Panik hatte Hagar wohl die Augen geschlossen und sich damit aber auch allem verweigert, was Gott für sie bereithielt. Das gleiche Verhalten erkenne ich bei mir selbst; ich bin überzeugt davon, dass ich mitten in der schlimmstmöglichen Situation überhaupt stecke und lieber gleich aufgeben sollte. Und ich gebe diesem Gedanken nicht nur nach, sondern ich wirke auch aktiv an meinem eigenen „Weltuntergangsszenario" mit, indem ich mich hinter einen Felsbrocken kauere und das Ende abwarte.

> Ist es möglich, dass sich direkt neben uns ein Brunnen befindet, und wir sehen ihn nicht, weil wir vor Kummer den Kopf hängen lassen?

Das war für mich eine weltbewegende Erkenntnis. So ein einfacher Satz, und doch haucht er mir beim Nachdenken darüber neues Leben ein. Ich hoffe, dass es Ihnen auch so gehen wird.

Hagar saß da und erwartete den Tod ihres Sohnes. Und anstatt auf das zu schauen, was Gott ihr schon gegeben hatte, kapitulierte sie vor der Angst. Ist es möglich, dass sich auch direkt neben uns ein Brunnen befindet, und wir sehen ihn nicht, weil wir vor Kummer den Kopf hängen lassen? Sind wir so auf das fixiert, was wir unserer Meinung nach nicht haben, dass wir nicht sehen können, was da ist? Vielleicht müssen wir Gott darum bitten, ein Licht auf das zu werfen, was er uns erkennen lassen möchte. Möglicherweise ist unsere vermeintliche Sackgasse in Wahrheit eine Möglichkeit, die Augen zu öffnen und etwas zu entdecken, was wir bisher nicht gesehen haben.

Ich möchte nicht mit geschlossenen Augen durchs Leben ziehen und meinen, Gott habe mich vergessen. Ich habe angefangen, dagegen anzubeten, und ich bitte Gott, dass er mir die Augen öffnet, wo ich mich vor einem Schicksal verstecke, das ich mir selbst auferlegt habe. Ich habe viele Freundinnen, denen es ähnlich geht; und ihre Umstände sehen tatsächlich düster aus. Viele ihrer Ehemänner sind arbeitslos, und in ihrer Situation gibt es viele unbekannte Faktoren. Ich kenne die Angst, nicht sehen zu können, wo Gott bereits handelt. Vielleicht klingt das oberflächlich, aber ich muss Ihnen sagen: Auch ich war schon in Situationen, in denen ich überzeugt war, fern jeder Rettung zu sein, und diese Hilflosigkeit hat mich fast zerstört. Ich spreche hier nicht als jemand, der geglaubt und erlebt hat, dass im Leben eines anderen Menschen Wunder geschehen können. Nein, ich habe selbst schon aus der unverhofften Quelle getrunken. Dinge, die ich in meiner Wüste nie vermutet hätte, wurden zu den spektakulärsten, lebensverändernsten Momenten meines Lebens. Ich sollte auch dazusagen, dass ich nicht immer so versorgt wurde, wie ich es erwartet oder mir gewünscht hatte. Manchmal kommt die Hilfe in einer Form, die wir im fraglichen Moment nicht als solche erkennen. Erst im Rückblick erkennen wir, dass Gott seine Hand im Spiel hatte. Er hat für uns gesorgt, als wir dachten, wir würden nie wieder das Licht am Ende des Tunnels sehen.

Es ist schwer zu sagen, dass ich mir nie wieder Sorgen machen will; und vielleicht geht es Ihnen auch so. Denken Sie daran, dass der Gott Hagars auch unsere Schreie hört, selbst wenn wir meinen, das Gegenteil wäre der Fall. Wenn wir uns in einer scheinbar hoffnungslosen Situation befinden, dann sollten wir an die Frau denken, die um einen Sohn trauerte, den sie gar nicht verlieren sollte. Denken wir an den Augenblick, als Gott ihr die Augen öffnete und sie seine Hilfe sehen konnte, die die ganze Zeit schon auf sie gewartet hatte.

Fassen Sie Mut!

Saugen Sie die Treue Gottes in sich auf – in der Hoffnung, dass Sie sich in der nächsten scheinbar ausweglosen Situation nicht vor Angst verkriechen werden. Sie werden lernen, die Augen für das offen zu halten, was Gott tut, und darauf zu vertrauen, dass der Gott Hagars Sie ebenso sehr liebt, wie er Hagar liebte.

⊙◊⊙◊⊙◊⊙

Herr, ich glaube, dass du der große Brunnenbauer bist,
aber ich glaube auch, dass du der große Augenöffner bist.
Ich bete darum, dass jeder, der diese Worte liest, dich bittet,
dass du dich ihm persönlich und eindrücklich offenbarst.
Lass ihn Hoffnung sehen, wo vorher nur Angst war. Ich bete

darum, dass wir uns in jeder Situation für dich statt für die Hoffnungslosigkeit entscheiden. Lass uns im tiefsten Inneren wissen, dass du zu unserem Besten handelst. Hilf uns, unsere Augen, Herzen und Wünsche für das offen zu halten, was du für unser Leben bereithältst. Lass unser Leben von Dankbarkeit darüber erfüllt sein, dass du uns Unmögliches sichtbar machst. Herr, wir lieben dich ... mehr, als wir sagen können. Wir danken dir!

Die Angst, abgelehnt, verlassen und verraten zu werden

⟡⟡⟡⟡⟡⟡⟡

Er hatte alles. Er und seine Familie waren gesund, er war der reichste Mann in der Gegend, und das Leben war so, wie es sein sollte. Im Sonnenschein des Lebens ist es leicht, Gott zu vertrauen, oder?

Binnen weniger Momente erfährt Hiob, dass er wertvolle Tiere, Arbeiter und seine Söhne verloren hat. Kurz darauf wird er mit Krankheit geschlagen, und seine Frau legt ihm nahe, einfach Gott zu verfluchen und zu sterben. Er weist sie zurecht und erklärt seine Liebe zum Herrn der Welt; er sagt ihr, sie sollten Gott für die guten wie auch die schlechten Tage loben. Sehr viel mehr hören wir nicht von Hiobs Frau. Ich vermute, er war nicht besonders begeistert von ihrem Rat.

Hiob hatte auch mehrere Freunde, die offenbar alle Antworten hatten; leider waren es nicht Gottes Antworten. In einem Meer von Chaos und Verwüstung sieht sich Hiob mit einer Angst konfrontiert, die ihn zu zerstören droht.

Hat mein Gott mich verlassen?

Es trifft einen in der Seele, wenn man an all die irdischen Beispiele für Verlassenwerden, Verrat und Ablehnung denkt. Es ist schrecklich, sich ganz auf jemanden zu verlassen, nur um am Ende als Narr dazustehen. Vielleicht begann es schon in Ihrer Kindheit mit dem Gefühl, nicht das „Lieblingskind" zu sein. Vielleicht war es beim Abiball, als die Musik in voller Lautstärke spielte und alle anderen Jugendlichen tanzten, während Sie auf den Boden starrten und sich fragten, warum Sie so viel Geld für ein Kleid ausgegeben haben, das keiner bemerkt. Vielleicht war es der Abend, an dem Ihr Mann Ihnen offenbarte, dass er eine andere Frau kennengelernt hat. Vielleicht haben Sie auch zusehen müssen, wie Ihr Kind schlechte Wege einschlägt und nicht nur Ihnen den Rücken kehrt, sondern auch dem Gott, von dem Sie sich doch wünschen, dass es ihn liebt.

Und in jedem dieser Augenblicke wurde, ob es Ihnen bewusst war oder nicht, Ihr Gottesbild auf die Probe gestellt. Sie wissen, dass er Sie nie verlassen würde, selbst wenn der Rest der Welt Sie im Stich lässt.

Zumindest *denken* Sie, dass Gott Sie nicht verlassen würde ...

Wenn wir im Buch Hiob lesen, wie er seine Klagen in den Himmel schreit, werden wir an unsere eigenen Umstände erinnert, unsere eigenen Erinnerungen an erlittenes Unrecht. Wenn jetzt gerade Ihre Pulsfrequenz steigt, vermute ich, dass Sie irgendwann schon einmal ein ähnliches Gespräch mit Gott hatten wie das zwischen Hiob und seinem Herrn. Hiob ist verzweifelt vor Wut und kann nicht verstehen, warum der Gott, den er so treu liebt, das alles zugelassen hat.

Von mir kann ich sagen, dass ich schon öfter so empfunden habe.

Vielleicht haben wir nicht nur Angst vor sozialen Nöten, sondern vielmehr davor, dass uns jemand körperlichen, psychischen oder geistigen Schaden zufügen könnte. Wenn es in unserer Vergangenheit viele Menschen gab, die uns nicht so behandelt haben, wie sie es hätten tun sollen, haben wir eine besondere Hürde zu überwinden, wenn wir den Menschen in unserem Umfeld vertrauen wollen. Die Angst vor anderen Menschen (ihren Worten, ihren Taten, den Geheimnissen, die sie über Sie wissen und so weiter) fällt in verschiedene Kategorien, je nach der Art der Situation. Das sind die Ängste, die uns glauben lassen, wir hätten dumm ausgesehen oder zu sehr vertraut oder wären zu naiv gewesen, weil wir dachten, endlich sei uns etwas gelungen, nur um dann zu hören zu bekommen, dass wir ganz falschgelegen haben. Das sind die Ängste, die uns einflüstern:

> Im Rückblick auf die Situationen in meinem Leben, in denen mich andere verletzt und im Stich gelassen haben, kann ich erkennen, wie mein Gottesbild dadurch beeinflusst wurde.

„Du kannst nicht darauf vertrauen, dass ich bin, wer ich für dich sein muss ...", und: „Verlass dich auf keinen außer auf dich selbst ..."

Im Rückblick auf die Situationen in meinem Leben, in denen mich andere verletzt und im Stich gelassen haben, kann ich erkennen, wie mein Gottesbild dadurch beeinflusst wurde. All das führt zu dem alles überspannenden Gefühl, dass wir selbst unser einziger Verbündeter sind und jeder andere (Gott eingeschlossen) uns im Stich lassen wird.

Lassen Sie mich aber an dieser Stelle einen kleinen Zeitsprung machen. Diese Ängste haben sich nicht über Nacht entwickelt, sondern in meinem Fall über Jahre hinweg, in denen ich gegen die Stimme in meinem Hinterkopf ankämpfen musste, die mir einflüsterte: *„Du solltest nie jemandem so vertrauen ... das wird nur dazu führen, dass man dir wehtut ..."*

৹৾৹৾৹৾৹

Es war Thanksgiving im Jahr 1988 und ich war eine unbeholfene Zwölfjährige. Die Junior High School ist an sich schon schlimm genug, doch dass es mein erstes Jahr in den USA nach mehreren Jahren in Japan war, machte alles nur noch schlimmer. Ich hatte keine Ahnung von Mode. Der Beweis dafür ist mein Schulfoto aus jenem Jahr – komplett mit einem Kleid im viktorianischen Stil und gekräuseltem Haar. Falls es Sie interessiert: Das ist die sicherste Methode, um im Schulbus auf der Heimfahrt Stifte an den Hinterkopf geworfen zu bekommen.

Ich war durch den Kulturschock wie gelähmt, und sosehr ich mich auch anstrengte, ich war einfach eine Außenseiterin. Ich war das Mädchen, das sechs Pferdeschwänze gleichzeitig hatte (ja, in Japan war das voll im Trend. In den USA? Eher nicht ...) und Matrosenkleider aus Jeansstoff trug (nicht lachen!). Das Traurige daran war, dass ich im Ausland so viele Stunden lang *Anne auf Green Gables* geschaut hatte, dass ich davon überzeugt war, ich sei nur einen Franzosenzopf weit davon entfernt, eine neue beste Freundin zu finden. Ich bemühte mich ehrlich, mich mit den Mädchen in meiner Klasse zu unterhalten. Als eines der beliebtesten Mädchen mir ein Kompliment für mein Outfit machte, hatte ich das Gefühl, echte Fortschritte zu machen. Später fand ich heraus, dass „Es beißt sich" nicht hieß, dass sie von meinem Kleidungsstil beeindruckt war.

Nach der Schule stürmte ich zur Tür herein, warf meinen Rucksack auf den Boden und rannte die Treppe hoch, bevor meine Mutter fragen konnte, wie mein Tag verlaufen war. Welches Kind will schon seiner Familie erzählen, dass es die Lachnummer der sechsten Klasse ist? Ich jedenfalls nicht.

Doch dieses Thanksgiving war anders. Ich hatte einen Anruf von zwei Mädchen aus meiner Klasse bekommen. Beide wohnten in meiner Nachbarschaft. Sie erzählten mir, dass sie bald einen Ballettkurs starten wollten und nach Lehrern suchten. Sie hofften, dass einige Mädchen in unserem Alter die jüngeren Kinder unterrichten könnten, und da ich einige Tanzstunden hinter mir hatte (sprich: Stepptanz. Hören Sie wohl auf zu lachen?!), sollte ich zum Vortanzen kommen. Ich ließ mir die Einzelheiten erklären, rannte zu meinen Eltern und informierte sie, dass sie mich dringend zu einem Geschäft fahren mussten, wo ich Ballettschuhe und einen Gymnastikanzug bekommen konnte. Ich glaube, ich kaufte auch Steppschuhe und Stulpen – nur für alle Fälle. Was soll ich sagen, ich habe damals immer alles zu 150 % gemacht.

Trotz meiner schlaksigen Beine und seltsamen Proportionen war ich tatsächlich eine recht gute Tänzerin. Ich hatte wirklich das Gefühl, dies könnte meine Chance sein, in den Kreis der beliebten Mädchen vorzudringen. Ich hatte schreckliche Angst zu versagen, also blieb ich lange auf und übte alle Schritte, die sie mir aufgezählt hatten. Als sie mich am nächsten Tag anriefen und mich baten, zu ihnen zu kommen, fühlte ich mich gut vorbereitet. Ich zog mein neues Tanz-Outfit an, inklusive Stulpen.

„Soll ich dich hinfahren, Schatz?", fragte meine Mutter.

„Nein, ich werde einfach laufen. Es ist gar nicht so weit."

Sie nickte. „Bist du nervös?" Der Ausdruck in ihren Augen sagte mir, dass sie die Antwort wohl schon wusste.

„Ich will einfach keinen Fehler machen und so wirken, als hätte ich keine Ahnung. Ich will einfach, dass es perfekt läuft."

„Das wird es bestimmt, mein Schatz." Sie lächelte und ich wollte ihr glauben.

Ich schob meine Tanztasche auf meine Schulter und ging in den kalten November hinaus.

Ich brauchte eine gute Viertelstunde bis zum ausgemachten Ort, und als ich ankam, waren die beiden anderen Mädchen bereits an der Stange, also setzte ich mich hin und schaute einfach zu. Schon am Abend zuvor hatte ich beschlossen, dass eine verschwommene Sicht ein angemessener Preis war, um cooler auszusehen, also steckte ich meine rosa Plastikbrille in das Etui in meiner Tasche. Ich lächelte, so breit ich konnte, und versuchte ihnen zu zeigen, dass ich interessiert war. Ich wusste, dass man so Freunde gewinnen konnte.

Zumindest stand das in dem Buch, das meine Mutter mir gekauft hatte.

Schließlich baten sie mich aufzustehen und ich ging zu ihnen hinüber.

„Hallo. Ich wollte nur … ähm … wisst ihr … ähm …" Meine Hände waren ganz feucht, und ich wusste nicht, was ich als Nächstes sagen sollte.

Sie schauten mich an, als stünde mein Kopf in Flammen.

„Ich wollte nur sagen, wie sehr ich mich freue, dass ihr mich eingeladen habt. Ich freue mich auf die Chance, vielleicht Tanzlehrerin zu sein."

Sie lächelten erst sich an und dann mich.

„Na, dann legen wir los." Margaret bedeutete Carrie, sie solle die Musik einschalten.

„Okay, mach einfach mal das hier." Margaret ging die Ballettpositionen durch, die ich geübt hatte und ohne Probleme bewältigte. Dann ging es auf die Zehenspitzen und an die Stange, und ich gab mir alle Mühe, mit ihr mitzuhalten.

Das ging etwa eine halbe Stunde so. Keine Rückmeldung, keine Unterhaltung. Sie beobachteten mich einfach und bewerteten mich.

Am Ende sagten sie nur, wir seien jetzt fertig. Ich wollte nicht ohne das Gefühl gehen, mein Bestes gegeben zu haben.

Ich bin mir ziemlich sicher, dass ich *das* aus dem Buch gelernt hatte, das mein Vater mir gekauft hatte.

„Ähm … soll ich euch noch meinen Spagat zeigen? Ich kann ihn längs nach rechts und nach links, aber den zur Mitte kann ich nicht." Ich biss mir auf die Lippen und wartete auf ihr Urteil. Dabei kniff ich die Augen zusammen, falls sie auch nur mit einer Winzigkeit reagierten, die ich mitbekommen sollte.

„Nein, Angela. Ich glaube, wir haben genau das, was wir brauchten. Danke, dass du gekommen bist." Sie lächelten mich an. Genau genommen war es mehr als ein Lächeln. Sie waren so fröhlich, dass ich mir ganz sicher war, dass sie mich auswählen würden. Ich dankte ihnen noch einmal und stieg dann die Treppe hinauf, die zur Haustür führte. Voller Zuversicht und dankbar für die erste echte Gelegenheit, in die neue Gruppe aufgenommen zu werden, ging ich die Treppe hinauf und aus dem Haus. Die beiden anderen schalteten das Radio an und tanzten die Choreografie zu „Walk Like an Egyptian", als ich ihnen von oben noch einmal zum Abschied zuwinkte. Diese Armbewegungen waren cool. Wie die alten Ägypter. Vor der nächsten Tanzstunde würde ich sie danach fragen. *Das wird toll!*, dachte ich mir. Ich atmete erleichtert auf und ging nach draußen. Meine Hände suchten in meiner Tasche nach meiner Brille, damit ich sehen konnte, wo ich hinging.

Kurz bevor die Tür sich ganz hinter mir schloss, hörte ich, wie die Mädchen in Gelächter ausbrachen. Ich konnte nicht jedes Wort verstehen, aber in einzelnen Fetzen hörte ich: „Sie hat es tatsächlich geglaubt!!! Wie blöd ist die nur? Als ob wir sie je anrufen würden, selbst wenn wir einen Tanzkurs hätten. Was für eine VERSAGERIN!", gefolgt von schallendem Gelächter und Abklatschen.

Der kalte Wind schlug mir ins Gesicht, während mir klar wurde, was hier vor sich ging. Ich starrte zu Boden und meine Brille rutschte mir die verschwitzte Nase hinunter.

Es gab gar keinen Tanzkurs.

Kein Bedarf für Gymnastikanzüge, Stulpen oder Hoffnung. Nur eine grausame Gelegenheit, das seltsame Mädchen in der eisigen Kälte beschämt nach Hause gehen zu lassen. Als ich mich weinend von dem Haus entfernte, bog Margarets Mutter gerade in die Einfahrt ein. Sie kurbelte das Fenster herunter und fragte mich, ob es mir gut ging und ob sie mich nach Hause fahren sollte.

Ich schüttelte den Kopf. Nein ... und nein.

Beschämt schnappte ich meine Tasche und rannte nach Hause, mit Tränen in den Augen und erschöpften Beinen. Ich rannte zurück zu dem warmen Haus mit dem Kamin und dem Feiertagsprogramm im Fernsehen. Dorthin, wo ich hinpasste, ganz gleich, welche Farbe meine Socken hatten oder welche Bücher ich gern las. Dorthin zurück, wo ich ich sein konnte. Doch in wenigen Tagen musste ich wieder an den Ort, der mich daran erinnerte, dass ich anders war. Dieses Muster setzte sich fast die ganze Junior High School über fort, inklusive Vortanzen für die Cheerleader, das damit endete, dass mir beim Radschlagen mein T-Shirt über den Kopf rutschte und die Juroren viel Haut zu sehen bekamen. (In dem Jahr wurde es nichts mit den Cheerleadern.)

> Ablehnung ist etwas Brutales und extrem Schmerzhaftes, und viele von uns meiden Situationen, in denen sich eine solche Ablehnung wiederholen könnte.

Wir alle haben schon solche oder ähnliche Situationen erlebt, oder? Und wenn nicht, stellen Sie sich einfach ein paar Minuten lang vor, Sie wären eine von uns. Vielleicht war es nicht in der Schule oder auch nicht in der Öffentlichkeit, sondern bei dem Gespräch, das um Sie herum stattfand, an dem Sie aber nicht beteiligt waren. Sie stehen am Rand und Sie wissen es. Ablehnung ist etwas Brutales und extrem Schmerzhaftes, und viele von uns meiden Situationen, in denen sich eine solche Ablehnung wiederholen könnte.

Ich weiß, dass viele Menschen sich Situationen, in denen sie Liebe oder auch nur Freundschaft hätten finden können, entzogen haben, weil der Preis zu hoch gewesen wäre, wenn es nicht geklappt hätte. Ich kann nicht behaupten, dass ich selbst nicht auch schon damit zu kämpfen hatte. Wer mich kennt, würde behaupten, dass ich gesellig und extrovertiert bin, aber das stimmt eigentlich nicht. Ich versuche nur, nicht so sehr aufzufallen, dass man sich über mich lustig machen könnte. Es könnte sogar sein, dass man mich im Weggehen „Walk Like an Egyptian" summen hört, während ich mich frage, ob ich mich zum Narren gemacht habe.

Es ist schwer, Menschen zu lieben, wenn man erwartet, dass diese Liebe erwidert wird. Man setzt alles aufs Spiel und weiß genau, dass die andere Person frei darüber entscheiden kann, was sie mit dieser Zuneigung anfängt.

Vielleicht ist es Ihnen auch schon so ergangen? Dann möchte ich Ihnen jemanden vorstellen. Diese Frau heißt Lea, und sie wurde schon oft zurückgewiesen. Auch der Schmerz, mit jemandem verwandt zu sein, der *nicht* zurückgewiesen wurde, ist ihr nicht unbekannt. Ich kann mir vorstellen, wie ihr Leben aussah, als sie an der Seite ihrer schönen Schwester Rahel aufwuchs. Sie war die Ältere, und wir erfahren, dass sie nicht besonders attraktiv war. In der Bibel heißt es, sie hatte „glanzlose" Augen – vielleicht schielte sie oder ihre Augen waren rein äußerlich nicht schön.

Das erste Buch Mose berichtet davon, wie Jakob Rahel kennenlernte und sich in sie verliebte. Er beschloss, sie zur Frau zu nehmen, und ging zu ihrem Vater, um ihn um die Erlaubnis zur Heirat zu bitten. Laban erklärte sich einverstanden, verlangte aber von Jakob, sieben Jahre für ihn zu arbeiten, um Rahel heiraten zu dürfen. Bereitwillig ging Jakob darauf ein, um seine wunderbare Braut zu bekommen. Genau genommen war er so verliebt, dass in der Bibel steht: „Die Zeit verging für ihn wie im Flug" (1. Mose 29,20). Und dann kam endlich die Hochzeitsnacht.

Am Morgen nach der Hochzeit bemerkte Jakob, dass er in Wahrheit nicht Rahel, sondern ihre ältere Schwester Lea geheiratet hatte. Laban hatte den hinterlistigen Plan entworfen, die ältere, nicht so hübsche Schwester zuerst zu verheiraten und Jakob dann zu weiteren sieben Jahren Arbeit zu verpflichten, um auch noch Rahel zu bekommen. Ich wage zu behaupten, dass dies wohl alles andere als ein idealer Start für eine Ehe war.

Können Sie sich das vorstellen? Irgendwann muss Laban doch zu Lea gegangen sein, um sie über seinen Plan zu informieren. Wie er das wohl angefangen hat?

„Lea, hör mal zu, du bist nicht so schön wie Rahel, und wir werden dich wohl nur verheiraten können, wenn wir jemanden dazu überlisten, dein Ehemann zu werden. Die gute Nachricht ist, dass der Typ deine Schwester wirklich liebt, also werdet ihr am Ende beide als Ehefrauen um seine Liebe kämpfen dürfen."

Plötzlich klingt die Sache mit dem Tanzkurs doch gar nicht mehr so schlimm …

Ich frage mich auch, wie sein Gespräch mit Rahel verlief – immerhin musste er ihr doch sagen, dass sie sich mit irgendetwas anderem beschäftigen musste, während er den Mann, den sie liebte, dazu überlistete, ihre verzweifelte Schwester zu heiraten. Hat sie protestiert? Konnte sie protestieren? Hat sie von Weitem zugeschaut und sich die Tränen verkniffen, als sie sah, wie sich die Sache entwickelte?

Am Ende heiratete Jakob Rahel doch noch, die ganz offensichtlich seine Lieblingsfrau war. Mit dem, was jetzt folgt, können Sie sich gewiss identifizieren – und ich hoffe wirklich, dass jeder von uns erkennt, wo er damit in seinem Leben gemeint ist, und dass wir Gott erlauben, uns unserer Schuld zu überführen, wo sie vorhanden ist.

Lea kann Jakob nicht mit ihrem Äußeren überzeugen, also denkt sie sich einen anderen Plan aus, um seine Liebe zu gewinnen.

Nach allem, was Sie bisher gelesen haben, können Sie sich wahrscheinlich denken, dass dieser Plan nicht aufging. In der Bibel lesen wir, dass Jakob Lea nicht liebte, obwohl sie ihm sechs Söhne und eine Tochter geboren hatte.

Er liebte sie *nicht*.

Ich habe zwar nicht genau das Gleiche getan, aber ich habe schon oft versucht, die Zuneigung von Menschen aus den falschen Gründen zu gewinnen. Wie ist das bei Ihnen? Hatten Sie schon einmal so viel Angst vor Zurückweisung, dass Sie Ihr Geld benutzt haben, um jemanden für sich gewinnen? Oder haben Sie dazu Ihren Körper benutzt? Ihre Talente? Ihre Kontakte? Etwas anderes?

Wenn ja, dann weiß ich ziemlich genau, was danach passiert ist. Sie haben ein Stück von sich selbst hergegeben und am Ende nicht einmal das bekommen, was Sie eigentlich wollten.

Genauso wenig wie Lea.

Zu jener Zeit bekamen Frauen Anerkennung für die Anzahl der Söhne, die sie ihren Männern schenken konnten; und während Rahel unfruchtbar war, segnete Gott Lea mit Fruchtbarkeit. Sicher dachte sie jedes Mal, wenn sie merkte, dass sie schwanger war, dass sich an ihrem Verhältnis zu Jakob nun etwas ändern würde. Die Namen ihrer Söhne sprechen Bände über ihre Hoffnungen. Ihren ersten Sohn nannte sie Ruben (das bedeutet: „Sieh, ein Sohn!") und erklärte: „Der Herr hat meine Not bemerkt, jetzt wird mein Mann mich lieben" (1. Mose 29,32). Kurz danach bekam sie einen weiteren Sohn und nannte ihn Simeon („Erhörung"), um anzuerkennen, dass Gott ihr ein weiteres Kind geschenkt hat, weil ihr Mann sie nicht liebte. Auch ihr drittes Baby war ein Junge, und sie nannte ihn Levi („Anhänglichkeit"). Damit brachte sie die Hoffnung zum Ausdruck, dass ihr Mann endlich Zuneigung zu ihr empfinden würde, nun, da sie ihm einen weiteren Sohn geschenkt hatte. Doch so war es nicht.

> Sie haben ein Stück von sich selbst hergegeben und am Ende nicht einmal das bekommen, was Sie eigentlich wollten.

Wenn ich die Bibel lese, stelle ich mir gern vor, ich wäre damals selbst dabei gewesen, um die gelesenen Informationen zu behalten und wirklich wahrzunehmen. Bei dieser Geschichte denke ich an die Geburt von Leas drittem Sohn, als sie ihn zum ersten Mal im Arm hält – den kleinen, blassen Säugling –, der ihr die Hoffnung gibt, ihren Mann für sich zu gewinnen. Ich frage mich, ob Jakob sie je mit Stolz oder Dankbarkeit anschaute, wenn sie ihm einen weiteren Sohn präsentierte. Wenn ja, erfahren wir es nicht. Wir sehen nichts weiter als eine Frau, die sich mit einem einzigen Gedanken durch eine schmerzhafte Geburt gequält hat: „Dieses Mal ..." – nur um wieder entmutigt und daran erinnert zu werden, dass sie zurückgewiesen wurde.

Irgendwann nach Levis Geburt muss Lea begriffen haben, dass sie nicht die Liebe bekommen würde, nach der sie sich so sehr sehnte. Beim nächsten Kind konzentrierte sie sich auf Gott statt auf die Gunst ihres Ehemannes. Sie nannte ihren vierten Sohn Juda („Lob") und sagte: „Nun will ich den Herrn preisen!" (1. Mose 29,35).

Nicht nur, dass sie nicht mehr versuchte, Jakob zu gewinnen; sie dankte Gott auch für ihr neues Kind. Eine ganz andere Perspektive, nicht wahr? Sie gab bewusst den Versuch auf, einen Menschen zufriedenzustellen. Sie hörte auf, ihren Wünschen nachzujagen. Stattdessen entschied sie sich, Gott dafür zu loben, dass er sie mit Kindern gesegnet hatte. In gewisser Hinsicht lieferte sie ihren eigenen Willen für ihr Leben Gott aus und akzeptierte die Ablehnung ihres Mannes. Es macht uns stark, wenn wir uns mehr darauf verlassen, was Gott von uns denkt, als darauf, was andere Menschen von uns halten. Ich weiß aus Erfahrung, dass das sehr weh tut. Ich tue diesen Schmerz nicht einfach ab und würde auch nicht sagen, dass *Sie* ihn einfach so abtun sollten. Es wäre wunderbar, wenn wir nie wieder im Stich gelassen, abgelehnt, verspottet oder lächerlich gemacht würden – doch das wird wahrscheinlich nicht geschehen. Andererseits wissen wir auch, dass Gott nichts davon tun wird, und wenn wir uns von unseren Mitmenschen ungeliebt fühlen, sollen wir uns in Gottes Arme flüchten. Dort können wir zur Ruhe kommen und uns davon erfüllen lassen, dass er uns immer und bedingungslos richtig lieben wird. Das ist sein Wesen; und wir brauchen keine Angst haben, dass er uns im Stich lässt. Es ist ein wunderbares Gefühl, wenn wir glauben können, dass Gott wirklich genug ist. Meistens wenden wir uns ihm aber nicht so intensiv zu, wenn unsere Welt in Ordnung ist.

Es fällt mir schwer, bei Gott zur Ruhe zu kommen und mich auf ihn zu verlassen, wenn ich nicht mit dem Rücken zur Wand stehe, keine andere Wahl mehr habe und nur noch will, dass alles besser wird. Manchmal entferne ich mich von Gott, wenn ich Menschen so nahe komme, dass ich meine, der Betreffende könnte einen kleinen Teil von Gottes Verantwortung übernehmen oder in meinem Leben Dinge erreichen, die ich eigentlich nur von Gott erwarten sollte.

Ich erinnere mich an eine Phase in meinem Leben, in der mir das besonders deutlich wurde. Ich war jung verheiratet und überzeugt davon, dass mein Mann Todd einen halben Meter über dem Boden schwebte. Ich erwartete von ihm, dass er mir half, jedes Gefühl zu verarbeiten und alles zu sein, was ich brauchte. Damit machte ich mich so abhängig von ihm, dass es meine Beziehung zu Gott behinderte. Ich hatte einfach beschlossen, nicht mehr alles von Gott zu erwarten, weil ich diesen herrlichen, fähigen, zuverlässigen Mann hatte, der sich gut um mich kümmerte. Ich hatte Gott nicht mehr so nötig, wie es hätte sein sollen.

> Damit machte ich mich so abhängig von ihm, dass es meine Beziehung zu Gott behinderte. Ich hatte einfach beschlossen, nicht mehr alles von Gott zu erwarten.

Aber Gott nutzt doch gern jede Gelegenheit, uns näher zu ihm zu ziehen, oder? Nachdem wir einige Monate verheiratet waren, fanden wir heraus, dass wir Zwillinge erwarteten. Zu der Zeit war Todd allerdings viel unterwegs. Ich übergab mich den ganzen Tag (und die ganze Nacht) und weinte mich in den Schlaf, weil ich mich so allein fühlte. Ich wartete darauf, dass Todd mich nach seinen Konzerten anrief, und wenn ich ihn dann an der Strippe hatte, feuerte ich meine gesamte emotionale Artillerie auf ihn ab, in der Erwartung, dass er eine Lösung dafür lieferte. Meine seelische Gesundheit hing mehr oder weniger davon ab, dass er das Richtige sagte. Ich war ein Wrack. Ganz gleich, wie sehr er sich bemühte oder sich wünschte, mir zu genügen, er konnte es nicht.

Er sollte es auch nicht.

Wenn wir von anderen erwarten, unser Gott zu sein, machen wir gleich auf mehreren Ebenen einen Fehler. Wir belasten sie, indem wir ihnen die Schuld daran geben, dass sie das nicht können – und wir verspielen, was Gott hätte tun können, wenn wir ihn so geehrt hätten, wie wir es sollten.

Ich stelle mir vor, wie Lea Nacht für Nacht unter Tränen mit dem Umstand kämpfte, dass ihr geliebter Mann das Bett mit ihrer Schwester teilte, während sie sich um seine Kinder kümmerte. Und sosehr ich auch mit Lea mitfühle, so sehr bewundere ich auch ihre Entschlossenheit, Gott zu loben, auch wenn sie sich in einem tiefen Tal befand. Ich bewundere, wie sie Gott ihrem Mann vorzog und sich auf einen neuen Weg machte, nämlich Gott Ehre zu bringen.

Wer diese biblische Geschichte kennt, weiß wahrscheinlich, dass Jesus Christus von Juda abstammte. Gott wählte jene zurückgewiesene, abgelehnte Frau als Vorfahre des Retters der Welt aus. Was für ein schönes, bedeutsames Bild für all diejenigen von uns, die versucht sind zu meinen, aus unserem Schmerz könne nichts Gutes entstehen.

Wenn wir uns von Menschen im Stich gelassen fühlen, ist das eine Möglichkeit zu erkennen, dass Gott sich weigert, uns im Stich zu lassen. Manchmal denke ich, dass Gott uns erlaubt, unsere Erwartungen auf andere Menschen zu setzen, weil wir manches nur auf die harte Tour wirklich verinnerlichen. Gott ist der Einzige, dessen Liebe unsere Seele wirklich zufrieden machen kann.

Das ist das Ziel. Wir sollten jeden Tag danach streben, dass Jesus der Einzige ist, dem wir mehr als allen anderen gefallen und den wir mehr als alle anderen ehren wollen. Und wenn es so einfach wäre, lebenslange Verhaltensmuster mit einem einzigen Satz zu ändern, wäre ich sofort dafür. In der Realität ist das aber nicht so einfach. Manche von uns haben entsetzliche Zurückweisungen erlebt, und es ist oberflächlich zu behaupten, wir müssten nur mit den Fingern schnippen und uns ändern.

Wie erreichen wir also das Ziel? Wie kommen wir von der Angst vor Ablehnung hin zu Frieden und Vertrauen in jeder Situation? Können wir das überhaupt in diesem Leben erreichen? Ich glaube, wir können zumindest große Schritte machen.

Oft gründen wir unser Selbstwertgefühl auf das, was andere sagen, statt auf Gott selbst. Das allein kann uns bereits lähmen. Doch stellen wir uns einmal vor, wie es wäre, unser ganzes Vertrauen auf Gott zu setzen – und dann etwas zu erleben, das uns das Gefühl vermittelt, er hätte uns hinters Licht geführt. Was, wenn wir Tag für Tag mit Gott leben – aber fürchten, er könnte uns doch im Stich gelassen und betrogen haben?

Wer Menschen gegenüber Angst vor Zurückweisung, Verlassenwerden oder Verrat hat, wird das Gleiche auch von Gott befürchten. Die Wahrheit ist: Wir haben uns daran gewöhnt, enttäuscht über unsere eigene Verletzlichkeit zu sein. Wir gehen – wenn auch nur unterbewusst – davon aus, dass Gott in unserem Leben nur einer von vielen Fällen von fehlgeleitetem Vertrauen ist.

> Wir sollten keinesfalls der Lüge glauben, die Satan gegen uns verwenden will. Gott hat und wird uns nicht verlassen.

Das ist nicht wahr.

Die Bibel sagt sehr deutlich, dass Gott uns nicht verlassen wird, und wir müssen ihn so gut kennen, dass wir ihm glauben können. Die Welt wird uns nicht beibringen, Gott zu lieben; das kann nur Gott selbst. Wir sollten keinesfalls der Lüge glauben, die Satan gegen uns verwenden will. Gott hat und wird uns nicht verlassen.

Niemals.

Punkt.

Vielleicht erinnern Sie sich an unseren Blick auf Hiob am Anfang dieses Kapitels. Als Hiob mit seiner Wut und seiner Irritation zu Gott geht, stellt dieser ihm interessanterweise nur eine einfache Frage, die jedoch bis heute unsere ganze Welt erschüttern kann. Auf den ersten Blick mag es inmitten von Hiobs Leid herzlos wirken, dass Gott keinen besseren Trost liefern kann, als zu fragen: „Wo warst du, als ich die Grundfesten der Erde legte?" (Hiob 38,4).

So kann man ein Gespräch auch beenden.

Doch damit nicht genug. Allein in Kapitel 38 lesen wir über dreißig weitere Fragen, die Gott Hiob stellte. Ich denke, Hiob war sich seiner Sache nicht mehr so sicher, als Gott mit seiner kleinen Ermutigungsrede fertig war. Mir gefällt, wie die Bibelübertragung *The Message* Hiobs Antwort wiedergibt: „Ich bin sprachlos, ich bin starr vor Ehrfurcht – mir fehlen die Worte. Ich hätte nie den Mund aufmachen sollen! Ich habe zu viel, viel zu viel geredet. Ich bin bereit, den Mund zu halten und zuzuhören" (Hiob 40,4-5).

Klingt nach einer ziemlich vernünftigen Antwort.

Dieses Gespräch zwischen Gott und Hiob wäre lustig, wenn es bei mir nicht einen so empfindlichen Nerv treffen würde. Ich erleide eine Verletzung, und sofort schleudere ich Gott meine Sicht der Dinge entgegen. Dabei ignoriere ich jede Antwort, die er mir vielleicht zu geben versucht. Ich lasse mich einfach immer weiter voller Wut darüber aus, wie unfair doch alles ist. In meiner Rage vergesse ich allerdings eine ganz einfache Wahrheit, die mir sehr dienlich wäre, wenn ich wieder einmal überzeugt bin, die Welt müsste sich um meine Enttäuschung drehen: *„Wo warst du, als ich die Grundfesten der Welt legte, Angie?"*

Ich kann mir vorstellen, dass Hiob etwas verlegen und vielleicht sogar verletzt von dieser Zurechtweisung war, aber tatsächlich wurden diese Worte in Liebe gesprochen. Gott versuchte nicht, Hiob niederzumachen, sondern ihn vielmehr daran zu erinnern, dass er selbst mit der Schöpfung des Universums ziemlich gute Arbeit geleistet hatte.

Warum erstaunt mich das immer wieder? Ich habe kein Problem damit zu glauben, dass Gott den Wellen des Ozeans ihren Kurs gesetzt oder dass er allem das Leben eingehaucht hat – doch wenn es darum geht, dass mir jemand wehgetan hat? Dann kann ich mir nicht vorstellen, warum Gott sich klein genug machen sollte, um sich um meine Situation zu kümmern. Mein Kopf sagt: „Dieser Mensch hat mich zurückgewiesen, also hast *du*, Gott, wohl das Gleiche getan."

Aber das ist *mein* Denkfehler und nicht die Realität Gottes.

Und falls ich das vergesse, habe ich eine Frage zu beantworten … und Sie vielleicht auch. Bevor ich spreche, bete ich darum, mich daran zu erinnern, dass Gott Anfang und Ende ist und es nicht auf die leichte Schulter nimmt, wenn ich ihm die Schuld an meinen falschen Vorstellungen gebe. Er möchte, dass wir ihn lieben, und je mehr ich mich auf ihn verlasse, desto mehr stelle ich fest, wie stark er ist. In Situationen, in denen mir Ablehnung und das Gefühl, vergessen worden zu sein, wehgetan haben, durfte ich feststellen, dass die größte Liebe meines Lebens treu ist. Das ist ein festes Fundament für alle anderen Beziehungen, und je mehr ich meinen Halt in Gott finde, desto weniger sorge ich mich darum, was die Welt sagt.

Halt in Gott zu haben, ist etwas unvergleichlich Kostbares, und ich bete darum, dass auch Sie ihm vertrauen und sich auf ihn verlassen können, wenn Sie versucht sind zu meinen, Sie seien es nicht wert. Erinnern Sie sich an den Mann namens Hiob und die einfache Frage, die alles in die rechte Perspektive rückte. So wie Gott die Sterne an den Himmel setzte, kennt er auch jede Sekunde unseres Lebens, vom Moment der Empfängnis bis zu dem Tag, an dem wir ihn von Angesicht zu Angesicht sehen werden. Jede Sekunde.

Es war einmal ein kleines Mädchen, das eine Ballerina sein wollte. Doch mehr noch wollte es gemocht werden.

Als die Welt ihr sagte, dass beides nicht möglich war, brachte Gott sie an einem kalten Novembertag nach Hause und bat sie, für ihn zu tanzen. Seitdem gab es in einigen Musikstücken viele Pausen, und ich habe oft die falschen Schritte gemacht. Doch ich bin überzeugt davon, dass Gott mich trotzdem liebt.

Er sah, was die anderen nie sehen konnten, und deswegen tanze ich heute noch.

⚜⚜⚜⚜

D a n k e, Herr. Du weißt, wie es ist, verfolgt, abgelehnt und verraten zu werden. Ich bin so dankbar, dass du ein Gott bist, der sich weit genug heruntergebeugt hat, um zu spüren, wie sehr Menschsein wehtun kann. Du erinnerst mich immer wieder daran, dass trotz allem, was mein Spiegel, meine Freunde oder meine Nachbarn über mich sagen, ich es dir wert war, mich zu erträumen. Ich möchte ein Leben führen, das des Königs würdig ist, der mich durch sein Wort ins Dasein rief. Mögen meine Augen auf ihn gerichtet und mein Herz fest in der Liebe zu ihm sein, und möge ich mir auch dann immer seiner Gegenwart bewusst sein, wenn ich mich vergessen und weggeworfen fühle. Du bist die Freude meines Lebens, Jesus. Möge es immer so sein …

3 Der Griff nach dem Saum seines Gewandes

Die Angst davor, ertappt zu werden

๛

Sie läuft durch die Menschenmenge, den Blick auf den Boden gerichtet, ihr Herz klopft bis zum Hals.

Sie will nicht, dass die anderen es wissen. Sie hat ein Geheimnis, das sie ruinieren könnte, und wenn sie eine Möglichkeit finden kann, sich einen Weg durch die Menschenmenge zu bahnen und zu ihm zu gelangen, könnte sie geheilt werden. Etwas anderes will sie sowieso nicht.

Heilung.

Sie will nicht bemerkt, angesprochen, erkannt werden. Sie will ihn nur aus dem Schatten heraus berühren und dabei ihr Geheimnis für sich behalten. Es ist zu beschämend, und sie kann den Gedanken nicht ertragen, dass alle erfahren könnten, dass sie nicht ist, was sie zu sein scheint.

Sie erkennt ihre Chance und bewegt sich sofort auf ihn zu. Nur seinen Mantel berühren, und alles ist vorbei.

Vorbei die Scham, das Verstecken, die Heimlichtuerei. Um sie herum die Masse von Menschen, die lautstark in seine Nähe drängen. Sie verschwindet einfach zwischen ihnen.

Der Saum seines Gewandes, meine Freiheit. Ich glaube, dass er mich retten kann …

Einen Moment lang streckt sie die Hände aus, spürt den Stoff zwischen ihren Fingern – und wird durch ein Wunder geheilt. Sie hatte es wohl gewusst.

Doch es läuft nicht genau so, wie sie es geplant hatte. Mitten in dem Menschenchaos bleibt er stehen.

Ich vermute, sie war in dem Moment starr vor Angst, während sie überlegte, was wohl als Nächstes geschehen würde.

„Wer hat mich berührt?", fragte er.

Vielleicht gefror ihr das Blut in den Adern. Sie war ertappt worden.

Es war nicht so gelaufen, wie sie es sich vorgestellt hatte … Sie wollte doch nur eine Fremde, eine Namenlose sein, die die Hand ausstreckt und sich heimlich einen Segen ergattert.

Er wusste, wer ihn berührt hatte. Und er wusste, warum.

Er fragte, weil er wollte, dass sie sich zu Wort meldet und sich trotz ihrer Angst zu erkennen gibt. Natürlich wollte er sie nicht demütigen, aber ich frage mich, ob sie vielleicht fürchtete, dass er es tun würde. Während er auf ihre Antwort wartete, begannen die Leute, murmelnd ihre Unschuld zu beteuern. *Ich nicht, ich nicht, ich nicht …*

> Es war nicht so gelaufen, wie sie es sich vorgestellt hatte … Sie wollte doch nur eine Fremde, eine Namenlose sein, die die Hand ausstreckt und sich heimlich einen Segen ergattert.

Ich frage mich, ob sie in Panik geriet. Ich frage mich, ob sie nicht inzwischen zu verzweifelt war, als dass es sie noch gekümmert hätte. Alle Blicke waren auf sie gerichtet und ihr wurde bewusst, dass sie nicht mehr inkognito bleiben konnte. Vor Angst zitternd fiel sie ihm zu Füßen und gab sich zu erkennen. Es hatte keinen Zweck, das Theater weiterzuspielen.

Ihr war klar, dass sie ertappt worden war.
Und Ihnen?

❧❧❧❧❧❧

Jenny stand stets im Zentrum der Aufmerksamkeit. Sie betrat einen Raum, und ihr ansteckendes Lächeln und ruhiges, gelassenes Auftreten machten ihn gleich ein wenig heller. Ich beneidete sie immer, weil sie diese Fähigkeit besaß, sich in jeder erdenklichen Situation wohl in ihrer Haut zu fühlen. Sie war eine der begabtesten Frauen, die ich je kennengelernt habe – nicht nur in ihrem Beruf, sondern auch als Frau und Mutter. Ihr Haus stand voller Antiquitäten, die sie über die Jahre gesammelt hatte, und es war stets sauber und einladend. Wenn ich bei ihr zur Tür hineinkam, musste ich immer gegen meine Minderwertigkeitskomplexe ankämpfen. Ich machte mir Gedanken, in was für ein Haus ich später nach Hause kommen würde – inklusive Ehemann, mit dem ich mich gestritten hatte, Unmengen an Wäsche, die ich noch nicht erledigt hatte, und völliger Planlosigkeit bezüglich des Abendessens.

So oft wie möglich schlug ich vor, dass wir zu unseren mittäglichen Treffen essen gingen. Das erhöhte die Chancengleichheit ein wenig.

Ich konnte nicht verstehen, wie sie immer alles im Griff hatte, und es brach mir das Herz. Ich quälte mich mit Gedanken wie: *Mit einer Frau wie ihr wäre Todd viel besser dran gewesen ...*, oder: *Ich werde nie kreativ genug sein, um meine Kinder so zu inspirieren ...*

Ein Besuch zum Kindergeburtstag bei ihr war immer neues Salz in diese Wunde. Das Haus war bis unters Dach dekoriert; alles passte genau zum jeweiligen Partythema. Und das Ganze war nicht einmal Prahlerei. Sie war eine so großzügige, freundliche, warmherzige Gastgeberin, wie man sie sich nur irgend vorstellen kann. Bei ihr fühlte sich jeder gleich zu Hause. Ich hätte mich ein wenig besser gefühlt, wenn sie dabei erschöpft und genervt herumgelaufen wäre, doch das tat sie nie. Sie hatte immer alles im Griff und schien sich dafür nicht einmal anstrengen zu müssen.

Ich muss wohl nicht dazusagen, dass die Dekoration, die ich vor einigen Wochen für den Geburtstag meiner Tochter Kate gekauft hatte, inzwischen etwas kläglich aussah. Also beschloss ich, der Hausfrau in mir einen Tritt in den Allerwertesten zu verpassen. Ich backte alle Kuchen selbst, ohne Backmischung. Ich legte jeden Tag Lippenstift auf, selbst wenn ich nur mit der Wäsche beschäftigt war (natürlich gestärkt, gebügelt und perfekt auf den Bügel drapiert). Ich kaufte mindestens zehn Kochbücher, um sie in der Küche auszustellen, und betete, dass Gott mir helfen möge, eine Frau genau wie Jenny zu werden.

Ich weiß nicht mehr, wie lange diese Phase anhielt, aber ich weiß, dass es nicht lang war. Ich weiß auch, dass ich eine Menge Essen anbrennen ließ.

Eines Tages hatten wir uns verabredet, damit unsere Kinder zusammen spielen konnten, und ich entschloss mich, das Thema anzusprechen. Sicher hatte sie irgendwo ein Buch versteckt, das mir all ihre Geheimnisse verraten würde und aus dem ich lernen konnte, selbst so zu sein. Entweder das, oder wir konnten uns ja ab sofort wöchentlich treffen, damit sie mir beibringen konnte, eine bessere Frau zu sein. So oder so – sie hatte, was ich brauchte, und ich hatte vor, es auch zu bekommen.

Das Gespräch, das daraus folgte, werde ich wohl mein Leben lang nicht mehr vergessen.

Wir saßen im Schneidersitz auf dem Boden, um uns herum Spielzeug verstreut, während die Kinder spielten. Wir tauschten uns einige Minuten lang über alle Neuigkeiten aus, und als die Kinder in den Garten wanderten, beschloss ich, das Gespräch zu eröffnen.

„Jenny, darf ich dich mal was fragen?" Sie nickte und nahm einen Schluck von ihrem Kaffee, während ich nach dem richtigen Eröffnungssatz suchte. „Wie machst du das alles? Ich meine, dein Haus, deine Arbeit, deine Kinder – alles. Ich bewundere dich wirklich, und ich möchte bei mir an diesen Dingen arbeiten."

Sie reagierte kaum, also sprach ich weiter. Es war schwer einzuschätzen, was sie dachte, und ich dachte, es läge daran, dass sie sich nicht vorstellen konnte, dass sich irgendjemand noch nicht durch das Schulkochbuch gekocht hatte.

„Kochst du jeden Abend so? Denn das ist einfach unglaublich, Jenny. Ich strenge mich so sehr an und schaffe es einfach nicht, weißt du?" Ich deutete auf die Küche, und in dem kurzen Moment, den ich brauchte, in den Raum zu schauen und meinen Satz zu vollenden, hatten sich ihre Augen mit Tränen gefüllt.

„Ich bin eine Mogelpackung, Angie."

Ich starrte sie an und wusste nicht, was sie meinte oder was ich darauf erwidern sollte. Sie vergrub den Kopf in den Händen, und ich konnte sehen, wie ihre Schultern bebten, als sie erklärte, dass sie völlig am Ende war und jahrelang alles drangegeben hatte, um die Fassade aufrechtzuerhalten.

Ich weiß, wir alle haben diese Geschichten schon tausend Mal gehört. Es war nicht das, was wir gedacht hatten; sie war nicht die, für die wir sie gehalten hatten, und so weiter. Doch das war anders – es war schockierend.

Nach einigen Minuten, in denen ich ihr zuhörte (und nicht viel verstand, weil sie einfach versuchte, beim Reden Atem zu holen), sagte ich schließlich: „Jenny, bitte erzähl mir doch, was du meinst verstecken zu müssen. Ich werde dich nicht weniger gernhaben, und es klingt für mich so, als müsstest du dir einiges von der Seele reden."

Sie wischte sich mit dem Handrücken übers Gesicht und fragte mich, ob ich eine Tasse Kaffee haben möchte. Ich sagte Ja. Genau genommen waren es vier Tassen über die nächsten Stunden, die unser Gespräch dauerte. Irgendwann erzählte sie mir, dass sie ein großes Aggressionsproblem hatte. Als ich sie bat, mir zu erklären, was sie meinte, beichtete sie, dass ihr Mann seine Wochenenden damit zubrachte, die Löcher in den Gipswänden auszubessern, die ihre Fäuste dort hinterlassen hatten. Einmal hatte sie ein schweres Metallspielzeug in die Richtung ihres Sohnes geworfen, nicht mit der Absicht, ihm wehzutun, sondern um ihn zu erschrecken. Sie sagte, als das Spielzeug seine Wange streifte, wusste sie, dass sie Hilfe brauchte, bevor sie noch jemanden in Gefahr brachte.

In den nächsten Monaten trafen wir uns häufig, und ich glaube, sie erkannte wirklich, dass ihr Leben hinter verschlossenen Türen nicht so befremdlich war, wie sie fürchtete. Sie sagte mir mehrmals, dass sie sich fühlte, als hätte jemand ihr eine große Last abgenommen, als sie sich mir schließlich anvertraut hatte. Danach konnte sie sich die Hilfe holen, die sie brauchte. Sie fand eine christliche Seelsorgerin und begann, ihr Aggressionsproblem anzugehen.

Ich glaube, Satan war enttäuscht, dass er an jenem Sommertag in Nashville an Boden verlor, als Jenny mich in die Welt ließ, die sie jahrelang versteckt hatte. Ich staune, wie viele Frauen mir genug vertrauen, um Kontakt zu mir aufzunehmen und mir zu erzählen, dass sie Angst haben, „ertappt" zu werden.

Eine Frau erzählte mir Erschütterndes darüber, wie sie sich als Mutter fühlte. Sie beichtete mir sogar, dass sie sich manchmal vorstellte, wie es wäre, das Haus zu verlassen und nicht mehr zurückzukommen. Sie fühlte sich von den Erziehungsaufgaben überfordert, hielt sich für eine schlechte Mutter und meinte, dass ihre Kinder ohne sie besser dran wären. Der Umstand, dass sie solche Gedanken überhaupt hatte, beunruhigte sie so sehr, dass sie in ihren eigenen Augen schon ein Monster war. Sie schämte sich, hatte nie jemandem davon erzählt und war überzeugt, dass ich sie für verrückt halten würde.

Aber etwas wusste sie nicht, nämlich, dass ich Dutzende E-Mails von anderen Frauen bekommen hatte, in denen *genau das Gleiche* stand.

Gefangen in ihrer Angst, als Blender entlarvt zu werden, haben diese Frauen Geheimnisse gehegt, von denen sie meinten, dass sie sie ruinieren könnten. Und beim Lesen konnte ich nicht umhin, gewisse Muster zu erkennen: Glaube, Familie, Freunde, Beruf – alles Bereiche, bei denen die Frauen davon ausgingen, dass sie mit ihren Kämpfen allein dastanden. Von meinem Standpunkt aus konnte ich alle ihre Geschichten nebeneinander sehen, doch sie hatten diesen Vorteil nicht. Sie hatten nur ihre Computertastatur und die Hoffnung, nicht nur nach dem Inhalt ihrer Nachricht beurteilt zu werden. Ein ähnliches Bild, nur noch in viel größeren Dimensionen, bietet sich wohl Gott täglich, wenn er seine Töchter durchs Leben gehen sieht, ohne dass sie wissen, was im Herzen der Frauen um sie herum vorgeht.

Eine Frau erzählte, sie sei als Leiterin einer Frauenbibelgruppe eine Säule ihrer Gemeinde, doch sie sei sich nicht einmal sicher, ob sie wirklich gerettet sei. Dutzende Personen erzählten, dass die anderen sie als viel geistlicher betrachteten, als sie sich selbst fühlten.

Viele sagten, ihre Ehe sei eine Mogelpackung und sie seien erschöpft von der Anstrengung, die es kostete, die Fassade aufrechtzuerhalten. Bei manchen waren die Probleme schwerwiegender als bei anderen, aber fast alle von ihnen erzählten die gleiche Geschichte: „Es ist nicht so, wie es scheint, und wenn die Leute wüssten, was wirklich los ist …"

Ich glaube, eine Möglichkeit, gegen diese Angst anzugehen, ist, uns zu gestatten, diesen Gedanken bis zum Ende durchzudenken. Wenn sie das wüssten, was dann? Nun, vielleicht würden sie mich mit anderen Augen sehen. Vielleicht würden sie mich nicht respektieren. Vielleicht würden sie ihre Kinder nicht mehr zu uns zum Spielen kommen lassen. Vielleicht würden sie in der Gemeinde nicht mehr in der gleichen Gruppe sein wollen wie ich, weil sie nicht darüber hinwegsehen können. Gut, jetzt haben wir einen ersten Schritt gemacht. Gehen wir weiter.

Was, wenn sie allen anderen davon erzählen und die sehen, dass ich nur ein Schatten der Frau bin, für die sie mich gehalten hatten? Ich werde nie wieder die Gemeinde betreten können, ohne dass sie mich anschauen und meine Geheimnisse kennen. Ich bin bodenlos gedemütigt und mein Leben ist für immer ruiniert.

> Ich glaube, eine Möglichkeit, gegen diese Angst anzugehen, ist, uns zu gestatten, diesen Gedanken bis zum Ende durchzudenken.

Okay, das ist ein bisschen zu dramatisch, finden Sie nicht? Wahrscheinlich wird sich das imaginäre Szenario, das Sie in Gedanken durchspielen, so nie ereignen. Doch was, wenn doch? Tja, das wäre sicher sehr unangenehm, doch ich glaube, das Leben würde trotzdem weitergehen. Es ist wirklich nicht das Ende der Welt, wenn man das Gefühl hat, andere schauen einen mit anderen Augen an. Genau genommen ist es ein ziemlich guter Gradmesser dafür, wie groß die Liebe der anderen in Wirklichkeit ist.

Es ist allerdings interessant, sich einmal auf die andere Seite der Gleichung zu stellen, wo wir den Schwächen eines anderen mit Akzeptanz und Liebe begegnen. Wir erwarten es nicht von anderen, aber wir wissen, dass wir selbst so handeln würden. Liebe Freundinnen haben mir von den beschämenden Dingen erzählt, die sie mit sich herumtragen, und ich weiß, dass ich nicht einmal daran denke, wenn ich sie sehe. Wer sie (wirklich) sind, basiert für mich nicht auf einer einzelnen untypischen Handlung oder einem schambehafteten Teil ihrer Geschichte. Ich sehe den ganzen Menschen und verurteile ihn nicht aufgrund von Fehlern oder Schwächen. Ich möchte dem anderen helfen, bessere Entscheidungen zu treffen, und versuche, Ratschläge zu geben, die zur Stärkung seines Charakters beitragen, aber ich halte ihm seine Fehler und Schwächen nicht vor.

Ich wurde im Alter von 24 Jahren Christ, also hatte ich jede Menge Erfahrung mit einem Leben als Nichtchrist. Ich bin nicht mit der biblischen Sichtweise von Richtig und Falsch aufgewachsen, und ich habe von Natur aus eine Persönlichkeit, die jeden so akzeptiert, wie er ist. Obwohl meine Sicht von richtigem und falschem Verhalten sich im Licht dessen verändert hat, wozu Gott uns aufruft, kann ich ehrlich sagen, dass ich einen Menschen trotz einer Verhaltensweise lieben kann, die ich für falsch halte.

Ich glaube, einer der Gründe, warum wir als Christen uns davor fürchten, einander unser Innerstes offenzulegen, ist das Wissen, dass der andere versuchen könnte, Gott zu spielen, statt uns so zu lieben, wie Gott es uns gebietet. Ich habe aus nächster Nähe miterlebt, wie Menschen mit Sätzen und Regeln aus der Bibel um sich werfen, um zu kritisieren und zu verurteilen, ohne die Liebe walten zu lassen, die Christus uns aufträgt. Es gibt einen riesigen Unterschied zwischen echtem Mitgefühl und dem Versuch, einem anderen zurechtzuhelfen – oder aber jemandem das Gefühl zu vermitteln, ein moralischer Versager zu sein. Ich kann mich an verschiedene Situationen erinnern, in denen ich mich jemandem öffnete, von meinen Problemen erzählte und auf eine mit Bibelversen gespickte verurteilende Haltung traf. Ich will die Bibelverse ja hören, aber in einem Geist der Liebe und Gnade.

Eine andere Angst, die viele von uns haben, ist, Menschen zu enttäuschen und ihre Erwartungen an uns nicht erfüllen zu können. Ich glaube, viele von uns fürchten, ihre wahre Persönlichkeit könnte zum Vorschein kommen, wenn wir nicht dem entsprechen, was ein anderer von uns erwartet. Viele von uns belastet die Wahrnehmung, die sie von den Erwartungen anderer haben. Oft verbringen wir unser Leben mit dem Versuch, andere Menschen nicht zu enttäuschen.

Hier möchte ich gern ein Beispiel aus meinem eigenen Leben erzählen. Nachdem mein Blog im Internet immer bekannter wurde, hielt mich hin und wieder jemand auf der Straße an, weil er mich erkannte. Sofort geriet ich in Panik: Was machten meine Kinder gerade? Wie war ich angezogen? Hatte der andere das Gefühl, dass ich mich genug an unserem Gespräch beteiligte? Und so weiter und so fort. Ich war krank vor Sorge, weil ich meinte, die Leute hätten ein Bild von mir, dem ich nicht gerecht werden konnte. Häufig sagte ich mir nach solchen Gesprächen: „Tja, jetzt wissen sie es. Da habe ich wohl wieder einen Leser verloren."

> Bewusst oder unbewusst können wir uns so in dem verfangen, was wir meinen, dass andere Menschen in uns sehen, dass wir aus den Augen verlieren, wer wir eigentlich sind.

Das Traurige war, dass dies nichts mit meinem jeweiligen Gesprächspartner zu tun hatte; all das existierte nur in meinem Kopf. Doch diese Angst war extrem einschüchternd, und ich brauchte lange, um das Gefühl loszuwerden, allem entsprechen zu müssen, was die Leute gerne über mich denken wollten. Für jeden von uns sieht das etwas anders aus, aber bewusst oder unbewusst können wir uns so in dem verfangen, was wir meinen, dass andere Menschen in uns sehen, dass wir aus den Augen verlieren, wer wir eigentlich sind. Infolgedessen kann es passieren, dass wir uns sozial isolieren und meinen, Mauern aufzubauen sei vernünftiger, als ein gebrochenes Herz zu riskieren.

Deshalb sprechen viele von uns im Bibelkreis lieber über das Wetter statt über den Streit, den wir mit unserer Teenagertochter haben, weil wir wissen, dass wir sonst vielleicht als überbeschützende Eltern abgestempelt werden oder als solche, die ihre eigenen Kinder nicht im Griff haben. Und schon lange, nachdem das Problem gelöst ist, werden wir immer noch als Versagerin betrachtet. Die Stempel, die wir einander aufdrücken (und nie wieder wegwischen), zerstören jede Möglichkeit zu echter Gemeinschaft, und uns entgeht das Beste aneinander.

Wie ist das bei Ihnen? Was könnten die Leute über Sie herausfinden, das das Bild zerstören würde, das sie von Ihnen haben?

Wenn es Ihnen so ähnlich geht wie mir, fallen Ihnen sofort mehrere Dinge ein, die Ihr Image ruinieren würden. Vielleicht würden Sie sogar sagen, dass Sie mehr Zeit darauf verwenden, sich zu präsentieren, als präsent zu sein. – Tatsächlich, Sie auch?

Vor nicht allzu langer Zeit war ich für eine Veranstaltung für Frauen als Referentin in die engere Wahl gekommen und wünschte mir, dass meine Zuhörerinnen mich mochten. Ich glaube, ich war mehr darum besorgt, ob sie mich mögen würden, als darum, ob sie mich tatsächlich zu dem Vortrag einladen würden. Ich ging ins Einkaufszentrum und gab lächerlich viel Geld für ein neues Outfit, Make-up und Parfüm aus, das ich alles nicht brauchte. Als ich nach Hause kam, probierte ich meinen „Look" aus und bat Todd, mir zu sagen, was er über die verschiedenen Outfits dachte. Er fand sie alle gut und machte mir Komplimente zu dem, was ich ausgesucht hatte, aber offenbar wusste er nicht genau, was er tun sollte, damit ich mich besser fühlte. Ich hatte erst vor wenigen Monaten ein Baby zur Welt gebracht und passte immer noch nicht wieder in die Kleidung, die ich vor der Schwangerschaft getragen hatte, also war mein Selbstwertgefühl im Keller. Das und die Hormonumstellung machten den Versuch, hübsch auszusehen, für mich zu einer unangenehmen Angelegenheit.

Schließlich wählte ich ein Outfit aus, in dem ich meiner Meinung nach viel cooler aussah, als ich tatsächlich bin, und griff in den Beutel aus dem Kosmetikgeschäft, um zu schauen, ob ich auch das Make-up so hinbekam wie die Fachleute im Geschäft.

Während ich einen Artikel nach dem anderen aus dem Beutel holte, lieferte ich Todd einen laufenden Kommentar. Als ich am Boden der Tasche angekommen war, merkte ich, dass ein bestimmter Artikel fehlte. Panisch griff ich nach dem Kassenzettel, weil ich dachte, ich hätte ihn vielleicht im Auto oder auf dem Weg ins Haus verloren, doch er war nicht einmal aufgeführt. Ich kann nicht genau erklären, warum, aber das war der Tropfen, der das Fass zum Überlaufen brachte. Ich setzte mich auf den Badezimmerboden und brach in Tränen aus. Das Wochenende war gelaufen, garantiert! Und es ging nicht nur darum, dass ich nicht mein Make-up bekommen hatte. Ich hatte die Vorstellung gehabt, dass all diese Dinge zusammen das Publikum auf wundersame Weise davon überzeugen könnten, dass ich schön war und alles im Griff hatte. Ich fühlte mich nicht schön, also würde ich einfach so tun als ob.

Ich hatte meine Hoffnungen an eine Tube Make-up gehängt. (Hallo, Ironie! Danke, dass du gekommen bist. *Wieder mal.*)

Und geben Sie es doch zu – Ihnen ist es sicher auch schon einmal ähnlich ergangen. Vielleicht nicht in Form von Make-up, aber was auch immer es war, Sie hielten es für Ihre letzte Rettung.

Ich kenne eine Frau, die ihren 4-Karat-Diamantring immer trägt – egal, wo sie hingeht. Es geht ihr gar nicht darum zu zeigen, wie reich sie ist (das ist sie in Wirklichkeit gar nicht), sondern sie will, dass die Leute denken, sie wäre so geliebt, dass jemand ihr einen solchen Ring kaufen würde. Ihr Leben lang hat sie versucht, ihren Selbstwert zu finden; und die Liebe, die sie verspürt, misst sich für sie an dem Geld, das jemand für sie ausgegeben hat. Und wissen Sie, was das Traurigste an der Sache ist? Es ist nicht einmal ein echter Diamant. Der Ring, den ihr Mann ihr geschenkt hatte, war ihr nicht gut genug, um andere zu beeindrucken, also nahm sie die Angelegenheit selbst in die Hand.

Treten wir einmal einen Augenblick zurück und denken wir darüber nach, was dieses Szenario mit uns zu tun hat. Bitte verstehen Sie mich nicht falsch: Ich bin ganz dafür, dass wir versuchen, das Beste aus uns herauszuholen. Wir sollten immer danach streben, alles in unserer Macht Stehende zu tun, um in jedem Bereich unseres Lebens Menschen zu sein, die nach Gottes Willen leben. Doch was, wenn wir dabei den falschen Ansatzpunkt haben? Was, wenn Gott uns etwas Wunderschönes gegeben hat, und wir haben jahrelang versucht, etwas daraus zu machen, das wir für besser halten? (Selbst wenn es nur eine Mogelpackung ist?)

Das Seltsamste an der Geschichte mit dem falschen Diamantring war, dass die Frau jedes Mal, wenn sie ein Kompliment dafür bekam, lächelte, sich bedankte und selbst den Ring anstarrte, als wäre er der Inbegriff von Akzeptanz. Und jedes Mal, wenn das geschah, versuchte ich mir vorzustellen, was ihr angesichts der Wahrheit wohl durch den Sinn ging. Natürlich spielt es keine Rolle, was für einen Ehering man trägt oder ob man überhaupt verheiratet ist. Vielmehr sollten wir wissen und im Gebet bewegen, dass wir nach Gottes Bild erschaffen sind, begabt mit seiner Liebe und beschenkt mit seinem Wunsch, uns zu gebrauchen. Tragen wir das stolz nach außen oder haben wir es in einer Schublade versteckt – im Gegenzug für etwas, das wir für besser halten?

> Was, wenn Gott uns etwas Wunderschönes gegeben hat, und wir haben jahrelang versucht, etwas daraus zu machen, das wir für besser halten?

❦❧❦❧❦❧

In 1. Mose begegnen wir einer Frau, die mit Zwillingen schwanger ist. Bei der Geburt hält einer die Ferse des anderen fest. Er kommt als Zweiter zur Welt, doch anscheinend versucht er ab seinem ersten Atemzug, in Führung zu gehen. Er bekommt den Namen Jakob; das bedeutet „Fersenhalter, Thronjäger, Betrüger". Sicher hat er seiner Mutter später einen netten Dankesbrief dafür geschrieben.

Getreu seinem Namen ist Jakobs ganzes Leben von Betrug geprägt. Irgendwann macht er sogar seinen Vater durch eine List glauben, er sei sein Zwillingsbruder Esau, um ihm den Erstgeburtssegen zu stehlen. Das gelingt ihm auch, und als sein Bruder merkt, was da passiert ist, hat er nur noch Verachtung für Jakob übrig und schmiedet Mordpläne. Also flieht Jakob.

Einige Zeit später (und nachdem er selbst Opfer eines Betrugs geworden ist!) ist Jakob wieder auf der Flucht. Dieses Mal reist er mit Frauen und Kindern und erfährt, dass sein Bruder Esau ihm entgegenkommt. Man sagt ihm, Esau habe mehrere Hundert Männer bei sich. Jakob hat Angst vor einem Angriff. In der Nacht vor dem Zusammentreffen mit Esau bringt er seine Familie in Sicherheit und zieht dann allein los.

Dieses Detail sollten wir nicht übergehen, obwohl ich selbst schon oft darüber hinweggelesen habe. Dann aber nahm ich mir einmal Zeit, darüber nachzudenken, wie wichtig das Alleinsein in meinem eigenen Leben ist. Offenbar *wollte* Gott, dass Jakob in diesem Moment allein ist. Vielleicht wollte er nicht, dass Jakob von den anderen und dem Lärm des Lebens abgelenkt wird.

Dann gerät Jakob in einen Ringkampf mit Gott, und in dem stundenlangen Kampf stellt Gott ihm eine Frage, die alles verändern wird – für ihn und für uns.

Nach einer durchkämpften Nacht geht die Sonne auf, und noch immer weigert sich Jakob, von seinem Gegner abzulassen. Es ist so, als hätte er erkannt, dass dies viel mehr als nur ein sportlicher Kampf ist; es könnte die Nacht sein, in der Gott über vieles Hässliche in Jakobs Leben siegt. Jakob weigert sich loszulassen und besteht auf einem Segen. Auf seine Bitte hin fragt ihn Gott einfach: „Wie heißt du?"

Denken wir einmal darüber nach, was diese Frage tatsächlich bedeutet:

„Wer bist du in diesem Moment?"

In dieser Situation war ich selbst auch schon mit Gott. Ich habe bis zur Morgendämmerung gekämpft und Gott angefleht, mich aus meinen Umständen zu retten und mich trotz meiner Fehltritte zu segnen. Ich habe mich im Spiegel angestarrt und mich gefragt, wer ich hinter dem Make-up, den Fehlern und den Augenblicken, die ich gern anders gehandhabt hätte, eigentlich bin. Ich habe mich geschämt, wenn Gott mich bat, es auszusprechen, und wusste, dass es nur durch seine Gnade anders werden kann.

Ich glaube, in jedem dieser Momente haben wir einen Retter, der uns die gleiche Frage stellt: *Wie heißt du? Welcher Mensch kannst du meiner Absicht nach wirklich sein?*

Für jeden von uns sieht dies anders aus, aber ich könnte wetten, dass Gottes Frage auch bei Ihnen einen Nerv getroffen hat. Denken wir einmal einen Augenblick über unsere Antwort darauf nach – was wissen wir über uns?

Vielleicht meinen wir, unser Name sei „Lügner". Oder „Nicht vertrauenswürdig", „Widerlich", „Unfähig". Und selbst wenn niemand sonst es weiß – wir wissen es. Und bei den meisten Begegnungen, die wir mit Menschen haben, haben wir diese Stimme im Hinterkopf, die uns verhöhnt: *„Wenn die das wüssten ..."* Vielleicht haben wir uns noch nie anders gesehen und können es uns gar nicht mehr anders vorstellen.

Und dieses Gefühl ist dunkel wie die Nacht; dunkel wie der Feind, der nichts weiter will, als uns den Rest unseres Lebens gefangen zu halten. Diese bittere Pille des Verleugnens schlucke ich öfter hinunter, als ich es sollte, während ich mir einrede, dass die Maske besser als die Wahrheit ist.

> Wir sehen, dass wir nicht gegen den Feind kämpfen, sondern gegen denjenigen, der gekommen ist, um unsere allgegenwärtige Hilfe zu sein.

Es beeindruckt mich, dass der Ringkampf in der Nacht stattfindet, wo man Dinge nur schwer sehen und ebenso schwer verstehen kann. Man begreift gar nicht richtig, was geschieht, nur, dass man den Kampf seines Lebens führt. Und obwohl man nicht weiß, woher man die Kraft hat, lässt man nicht los – so wie Jakob. Man kämpft. Und plötzlich bricht der Tag an. Die Schatten verschwinden und das Licht wirft eine neue Erkenntnis auf die Situation. Wir sehen, dass wir nicht gegen den Feind kämpfen, sondern gegen denjenigen, der gekommen ist, um unsere allgegenwärtige Hilfe zu sein.

Wer bist du?

Licht zerstreut die Verwirrung, und als er Gott ins Gesicht schaut, antwortet der eine Mensch für uns alle mit der einzigen Identität, die er kennt: *„Jakob."*

Das Wort, das man in der Frage „Wie ist dein Name?" mit „Name" übersetzt hat, kann auch mit „Ruf" oder „Leumund" übersetzt werden.

Ich bin alles, wofür du mich hältst.

Ich bin derjenige, der versucht hat, seinen Bruder zu unterdrükken. Derjenige, der gestohlen hat, was ihm hätte gehören sollen. Derjenige, der alle ausgenutzt hat, um zu bekommen, was er zum Vorankommen brauchte. Derjenige, der geflunkert und betrogen hat, um dorthin zu kommen, wo er jetzt ist. Das bin ich. Fersenhalter, Thronjäger, Betrüger.

Das bin ich.

Doch Jakobs Sehnsucht nach Gottes Segen zeigt uns, dass er an morgen denkt statt an gestern. Im Grunde sagt er: „Ganz gleich, was geschieht, ich werde aus diesem Kampf nicht als der gleiche Mensch hervorgehen, der ihn angetreten hat. Ich werde dich nicht gehen lassen, bis du mich segnest." In Hosea 12,5 lesen wir, dass Jakob nicht nur körperlich kämpfte, sondern: „Er weinte und bat ihn um seinen Segen."

Ich kenne das Gefühl, zu weinen und um Gottes Segen zu flehen. Allerdings muss ich noch mehr verstehen lernen, dass meine Arme sich um das Mögliche klammern, während meine Augen nichts weiter als das Unmögliche sehen. *Ich muss nicht so sein, Herr. Ich muss mich nicht verstecken, und ich kann anders werden.*

In diesem Moment, in dem die Realität all dessen, was er getan hat, in der Luft liegt, steht Jakob Auge in Auge dem Gott gegenüber, der ihn kennt. Er kennt Jakobs Vergangenheit, und als er eine einfache Frage stellt, hat Jakob den Punkt erreicht, an dem er nicht mehr davonlaufen kann. Er steht mit dem Rücken zur Wand, in die Ecke gedrängt, am Ende einer langen Reise, auf der er vor sich selbst weggelaufen ist.

Kommt uns das bekannt vor?

Was tun wir also in einem solchen Moment? Wie bei Jakob ist es an der Zeit, dass wir es aussprechen. Wir schauen Gott ins Gesicht und sagen ihm alles, was uns bis hierher verfolgt hat. Obwohl er das alles weiß, wünscht er sich die Reue eines Herzens, das sich nach ihm sehnt.

Haben Sie auch mit Gott gerungen? Haben Sie sich an seinen Verheißungen festgehalten und sich geweigert loszulassen? Oder haben Sie zugelassen, dass die Angst vor dem Ertapptwerden Sie von der Rettung fernhält, die Gott Ihnen stattdessen schenken will?

Sofort, als Jakob seinen Namen genannt hat, erwidert Gott: „Du sollst nicht länger Jakob heißen … Von jetzt an heißt du Israel …" (1. Mose 32,29).

Israel.

Kämpfer.

Gotteskrieger.

Gott siegt.

Wir erfahren, dass Jakob nach dem Kampf mit Gott hinkte. Dadurch würde er sich immer an denjenigen erinnern, der seinen Namen bei Tagesanbruch änderte.

Jakob nannte den Ort *Pnuël*; das heißt „Angesicht Gottes".

Als ich diese Worte las, war ich überwältigt von meinen Gefühlen, weil ich weiß, dass mir der gleiche Zugang zu Gott offensteht. Ich kenne all die Namen, die ich in meinem Leben hatte, aber ich kenne auch den Einen, der mir einen neuen Namen geben kann.

Wir können nach Pnuël gehen, sooft es nötig ist. Täglich, stündlich oder Stück für Stück – doch wir können ihm von Angesicht zu Angesicht begegnen und bekommen, was uns bereits versprochen wurde, noch bevor Jakob in jener Nacht mit Gott kämpfte.

Und der Gott, der uns mehr liebt, als er unseren Ruf verachtet, wird sich an unserem neuen Namen freuen.

☙❧❀☙❧

Sie hatte gerade sein Gewand berührt, und die Menschenmenge war atemlos vor Erwartung. Die Frau hatte ja Nerven, dass sie meinte, sie verdiene es, etwas von Jesus zu bekommen! Wer war sie überhaupt? Wer hatte ihn berührt?

Jesus ließ kaum einen Moment vergehen, bevor er sie mit den Worten segnete: „Tochter, dein Glaube hat dich gesund gemacht. Geh in Frieden. Du bist geheilt" (Markus 5,34).

Er holte sie nicht aus der Anonymität, um sie lächerlich zu machen oder öffentlicher Schande auszusetzen. Er bestätigte ihren Glauben. Denn in jenem Augenblick glaubte sie, dass er mächtiger war als die Krankheit, die sie mehr als ein Jahrzehnt ihres Lebens behindert hatte. Sie war eine Frau, die nichts mehr zu verlieren hatte, und er erkannte ihren Glauben an ihn.

> Er holte sie nicht aus der Anonymität, um sie lächerlich zu machen oder öffentlicher Schande auszusetzen. Er bestätigte ihren Glauben.

Vielleicht fing diese Frau an, vor Erleichterung zu weinen. Nicht nur über ihre Heilung, sondern weil sie bei seinen Worten etwas Wahres tief in ihrem Inneren aufsteigen spürte:

Er weiß, wer ich bin.

Wir kommen mit unseren Gebrechen und Schwächen und flehen um Heilung. Doch wir fürchten seine Methoden; wir meinen, wir seien die eine Ausnahme, die seine Barmherzigkeit nicht erreichen wird. Vielleicht wird er mir nicht vergeben. Vielleicht war meine Sünde zu groß. Vielleicht bin ich ihm ja ganz egal. Er wird einfach den wichtigeren Dingen nachgehen. Ich bin eine Person unter Millionen von Menschen. Wofür in aller Welt halte ich mich, dass ich nach dem König rufe?

Auf einer staubigen Straße nach Nazareth beantwortet Jesus diese Frage mit seinem Handeln.

Du bist diejenige, für die ich stehen bleibe.

Du bist diejenige, die ich heilen will.

Ich kenne deinen Namen. Ich kenne dein Herz. Ich weiß alles über dich, auch dass wir uns heute hier begegnen würden.

Du bist diejenige, die mich gesucht hat, und ich habe bereits voller Vorfreude gewusst, dass deine Hand sich voller Glauben nach

dem Saum meines Gewandes ausstrecken würde. Was du als Ver-
zweiflungstat betrachtet hast, betrachte ich als Liebestat. Wie viele
haben nie die Hand nach mir ausgestreckt, weil sie dachten, es wür-
de sowieso nichts nützen?

Jetzt geh hin in Frieden und neuem Leben.

In diesem Moment macht Jesus deutlich, dass man sie nicht als die Frau kennen soll, die Blutungen hatte, sondern als die Frau, *die Glauben an ihn hatte.* Man wird sie nicht als das kennen, was sie war, sondern was sie dem allem zum Trotz hatte:

Glauben.

Das Gleiche, was Jakob so viele Jahre zuvor an den Tag gelegt hatte, als er sich tief in der Nacht zu einer anderen Geschichte durchkämpfte. Ohne Rücksicht darauf, wie viel Schande oder Schmerz sie möglicherweise damit auf sich laden würden, waren weder Jakob noch die Frau mit den Blutungen angesichts dessen, was sie sein konnten, bereit zu bleiben, wer sie waren.

Geben wir unser Erbe nicht zugunsten unseres Ansehens auf. Er ist hier, und er ist mächtig.

Auch ich will mir diesen Segen nicht entgehen lassen, obwohl es so schwer ist, mich unter den Blicken der Menschenmenge zu meinen Sünden und Schwächen zu stellen. Was in diesem Moment zählt, sind nicht ihre Augen, sondern *seine.* Ignorieren Sie die anderen; denken Sie nur daran, dass die hier sind, um Zeugen Ihrer Treue zu ihm zu sein. Sie haben keine Macht über Sie. Gehen Sie zum Herrn und sagen Sie ihm Ihren Namen. Sagen Sie ihm, wie tief Ihre Zerbrochenheit und Reue reicht.

Und bei Tagesanbruch werden Sie wissen, dass Sie von dem Mann geheilt wurden, der Ihnen einen neuen Namen gibt.

Und Sie werden für den Rest Ihres Lebens die Geschichte Ihrer Rettung erzählen – nicht mit Worten oder Taten, sondern mit Ihrer ganzen Existenz.

Nicht als die Person, die Sie ohne diese Nacht gewesen wären, sondern als die Person, die Jesus im Glauben nachjagte und sich weigerte, ihn loszulassen.

Sie werden die Person sein, die sich freuen kann, dass sie hinkt, weil dieses Hinken Sie an die Nacht erinnert, die zum Tag wurde, und an den Gott, der Sie angesprochen hat.

⟨⟩⟨⟩⟨⟩⟨⟩

H e r r, du kennst die Angst, die aus der Scham entspringt. Die Angst, dass wir entdeckt werden und das Image, an dem wir so hart gearbeitet haben, zusammenbricht. Wir schauen in den Spiegel und verachten das an uns, was wir dir noch nicht ganz ausgeliefert haben. Wir fürchten den Tag, an dem alle erfahren werden, dass wir versagt haben. Wir meinen so leicht, dass wir nur die Fassade aufrechterhalten müssen, um respektiert zu werden, während wir in Wahrheit nur in unserer empfindlichsten, nacktesten und ehrlichsten Demut dem kostbaren Saum deines Gewandes am nächsten kommen. Hilf uns, genug an dich und deine Liebe zu glauben, um glauben zu können, dass du uns nicht zu einem Leben im Schatten der Unzulänglichkeitsgefühle erschaffen hast. Du wünschst dir, dass wir uns in unserer Schwäche an jemanden wenden, der uns bei der Hand nimmt und führt, bis wir dich finden. Herr, bitte segne uns mit Freunden und einer Familie, die uns einen sicheren Raum für unsere Beichte bieten und uns so lieben, wie es dir entspricht.

Die Angst vor dem Versagen

❧

Trotz der Bedeutung seines Namens fühlte Gideon sich nicht unbedingt wie ein „tapferer Krieger".

Eines Tages, während er in der Weinkelter seines Vaters arbeitete, hörte er die Stimme eines Engels des Herrn: „Der Herr ist mit dir, tapferer Held!" (Richter 6,12).

Offenbar verstand Gideon die Bedeutung dieses Satzes falsch und interpretierte ihn als allgemeine Aussage, nicht als persönliche. Er antwortete dem Engel, dass es ihm nicht so vorkam, als wäre Gott mit ihnen, angesichts der Tatsache, dass sie, sein Volk, unter sehr schwierigen Verhältnissen zu leiden hatten. Die Israeliten wurden von den Midianitern unterdrückt, und Gideon glaubte, Gott habe sie verlassen.

Dann gab Gott ihm einen Befehl: „Geh mit der Kraft, die du hast, und rette Israel vor den Midianitern …" (Richter 6,14).

Moment mal. Welche Kraft? Gideon hat uns bisher noch keinen Anlass gegeben zu glauben, dass er ein Krieger ist. Wenn überhaupt, wirkt er bereits unterlegen. Und damit enden Gideons Zweifel nicht, und auch nicht seine Angst. Doch bevor Gideon antworten konnte, stellte Gott ihm eine Frage: „Habe ich dich nicht gesandt?" (Richter 6,14; ELB).

Es wirkt nicht so, als wäre Gideon anfangs begeistert gewesen, denn sofort zählte er Gründe auf, warum er ganz gewiss versagen würde. Immerhin war er der Schwächste im ganzen Haus seines Vaters und seine Sippe die schwächste in ganz Manasse.

Die Stimme, die sagte: „Geh!", traf auf Angst.

❧

Schon seit Jahren hatte er keinen Pinsel mehr in der Hand gehalten.

Ich betrat das Arbeitszimmer im Haus meines Vaters und sah, dass er seine Staffelei aufgestellt hatte. Eine neue Leinwand stand darauf, dem Licht zugewandt. Seine Ölfarben waren nach Farbton geordnet, und er hatte das Glas mit den staubigen Pinseln aus dem Karton geholt.

„Papa?"

Als ich einen Blick auf all die Bücher über Kunst auf seinem Schreibtisch warf, hörte ich seine Schritte im Flur. Einige der Bücher waren offenbar häufig gelesen worden, und andere sahen aus, als hätten sie nie das Tageslicht erblickt.

„Ja, Schatz?" Er sah, was ich mir gerade anschaute, und nickte. „Ich dachte mir, ich versuche, wieder damit anzufangen. Ich habe den ganzen Kram schon vor einer Weile herausgesucht, aber ich bin noch nicht allzu weit gekommen." Verlegen schaute er mich an.

„Was wirst du malen?" Ich studierte die Leinwand und stellte mir das Endergebnis vor. Mein Vater ist ein äußerst begabter Maler, doch viele Jahre lang hatte er keine Zeit für sein Hobby gehabt. Ich freute mich schon darauf zu sehen, was herauskam, wenn er es wieder aufnahm.

„Weißt du, Angela, ich habe ein paar Ideen, aber ich muss viel aufholen." Er deutete auf den Stapel von Kunstbüchern.

Er erklärte, dass er gerade die erste Schicht Farbe aufgetragen hatte, um die Leinwand vorzubereiten, damit er loslegen konnte, wenn er so weit war.

Ein Weilchen war es still im Zimmer, während ich darüber nachdachte, dass ich meinem Vater sehr ähnlich war. Ich lächelte ihn an und ließ ihn wissen, dass ich ihn verstand. „Du liest also erst mal nach, hm? Du bist noch nicht bereit loszulegen?"

Er schüttelte den Kopf. „Nein, Schatz. Ich bin viel zu eingerostet. Ich meine, ich habe seit Jahren keinen Pinsel in der Hand gehabt. Ich muss erst ein paar Studien anfertigen, und dann werde ich …" Als er mein Gesicht sah, das ihm deutlich sagte, dass ich ihn durchschaut hatte, beendete er seinen Satz erst gar nicht.

„Du hast Angst, dass es nicht richtig wird, oder?", lächelte ich.

„Man kann nicht einfach zum Pinsel greifen und anfangen zu malen. Wenn man nicht weiß, was man tut, wird es …"

„Dann wird es was, Papa?"

Er trat von einem Fuß auf den anderen und schaute mir in die Augen. „Ein Desaster." Seine Hände ruhten auf den Büchern, während ich nach den Pinseln griff.

„Du musst es einfach machen, Papa. Du hast solche Angst zu versagen, dass du lesen wirst, bis du alles andere vergessen hast. Du wirst nie etwas mit dem Wissen anfangen, das du dir aneignest, also ist es irgendwie sinnlos – meinst du nicht?"

Über ein paar Pinsel und alte Farbtuben lässt sich das leicht sagen. Als Aussage über die eigenen Ängste allerdings …

Als ich an jenem Abend nach Hause fuhr, wusste ich, dass Gott diesen Moment gebraucht hatte, um mir etwas über meine eigene Versagensangst zu zeigen. Ich möchte alles genau richtig machen. Ich möchte ganz sichergehen, dass ich nach menschlichem Ermessen bestmöglich vorbereitet bin, und dann viele weitere Bücher kaufen (und beim Lesen möglichst viel unterstreichen). Ich will so viel Wissen wie möglich haben, bevor ich auch nur einen Handgriff tue.

Damit will ich nicht sagen, dass es nicht gut ist, etwas über eine Sache zu lernen, bevor man sie anpackt. Aber wenn die Farbe seit Monaten bereitliegt und man sich nicht vom Lehrbuch losreißen kann, kann es gut sein, dass man etwas verpasst.

Sicher würden Sie über mich lachen, wenn Sie wüssten, dass ich fast jedes Nähbuch gelesen habe, das es gibt. Und so gern ich nähe, würde ich, glaube ich, gern noch mehr darüber lernen.

Wenn ich etwas übers Nähen lese, sieht das Ergebnis in meinem Kopf wie ein Meisterstück aus. Aber wenn ich tatsächlich an einem Stück arbeite, vergesse ich Stiche, und die Kanten sind ungleichmäßig. Es passt nicht zu der Vision, die ich dafür hatte, und ich habe das Gefühl, das Potenzial verschwendet zu haben.

Ich weiß, warum die Leinwand leer bleibt, nicht nur bei meinem Vater, sondern bei vielen von uns:

Manchmal stiehlt die Angst vor dem Versagen die Schönheit, die wir eigentlich erschaffen sollten.

Eines sollten wir nie vergessen: Wenn das, wozu wir berufen sind, wirklich Gottes Wille für uns ist, können wir nicht versagen. Ich weiß, das klingt oberflächlich, wie ein Spruch, der auf einem Werbeposter mit einem Golfspieler stehen könnte. Aber ich meine damit, dass wir unter „Versagen" einfach nicht das Gleiche verstehen wie Gott.

Für mich bedeutet Versagen, dass es nicht so wird, wie ich es haben wollte. *Für Gott bedeutet es, dass ich erst gar nicht den Pinsel in die Hand genommen habe.*

Wenn Gott uns zu etwas beruft (und das ist gar nicht immer so leicht zu erkennen – in dem Fall müssen wir einfach kleine Schritte in die Richtung machen, aus der seine Stimme kommt), versagen wir dadurch, dass wir ungehorsam sind, und nicht dadurch, dass wir die Aufgabe nicht erfolgreich ausführen.

Darüber denken wir nicht gern nach, weil wir alle „starke Helden" sein wollen. Vielleicht gebraucht Gott aber auch unser Versagen, um etwas Größeres zu erreichen. Ich kenne viele Menschen, die sich kopfüber in die Aufgabe stürzten, von der sie überzeugt waren, dass Gott sie für sie ausgesucht hatte – nur um festzustellen, dass es ihnen elend dabei erging. Das Erstaunliche ist, dass Gott alle Umstände gebrauchte, um ihnen zu einem tieferen Vertrauen zu ihm zu verhelfen, und sie entschieden sich dazu, in dieser Fülle zu leben. Vielleicht lag der Erfolg also gar nicht darin, dass die Aufgabe zu dem erwarteten Ergebnis kam, sondern darin, dass sie trotz ihrer Angst Gott vertrauten und in diesem Vertrauen auf ihn handelten.

Was sind die Dinge, bei denen ich Angst vor Versagen habe?

Beruf? Ehe? Eine Andacht zu halten? Kindererziehung? Ein guter Freund oder eine gute Freundin zu sein? Sich um mehr Heiligung zu bemühen? Wahrscheinlich stellen wir fest, dass die Dinge, die ganz oben auf unserer Liste stehen, die gleichen Dinge sind, deren Ergebnis wir die größte Bedeutung beimessen. Das ist nicht gerade eine weltbewegende Erkenntnis, aber sie gibt uns einen halbwegs sicheren Ausgangspunkt für den nächsten Schritt:

Wo habe ich das meiste zu verlieren?

Ich habe Angst, die Anerkennung meiner Mitmenschen zu verlieren; also ist meine Versagensangst in solchen Situationen am größten, die dazu führen könnten, dass Menschen mich anzweifeln oder schlecht über mich oder meine Motive denken. Ich versuche, Situationen zu vermeiden, in denen ich mich lächerlich machen könnte, und falls es doch geschieht, werfe ich mich vor den sprichwörtlichen Bus. Ich bin die Erste, die sich über sich selbst lustig macht, wie um zu sagen: „Ich bin ganz deiner Meinung – ich finde mich auch seltsam!"

Ich kann gar nicht mehr zählen, auf wie vielen Feiern ich allein herumgestanden habe, wie viele Begegnungen mit Menschen zu einem tränendurchnässten Kopfkissen geführt haben und zu dem Vorsatz, es beim nächsten Mal anders zu machen. Es ist mir unangenehm, wie viel ich rede, und dann ärgere ich mich darüber, dass ich als Zuhörer versagt habe. Als ich in der neunten Klasse war, sagte jemand einmal zu mir, ich sollte ruhig sein, und das nahm ich sehr ernst. So ernst, dass ich beschloss, am nächsten Tag insgesamt nicht mehr als hundert Wörter zu reden. Am nächsten Morgen setzte ich mich beim Frühstück mit einem kleinen Notizblock zu meiner Mutter und zeigte ihr, wie ich mitzählen wollte.

Ich schaffte es nicht einmal durch die erste Schulstunde.

Ich überlegte, ob ich mir nicht den Mund zukleben sollte, weil ich doch unbedingt das tun wollte, was die Leute von mir erwarteten. Ich gab meiner Mutter die Schuld an meiner Redseligkeit, und der Mutter meiner Mutter.

Nur fürs Protokoll: Meine Oma konnte die Farbe von der Wand reden.

In unserer Familie gibt es die berüchtigte Geschichte, dass mein Vater sich einmal mit ihr unterhielt, während sie den Abwasch erledigte. Er ging duschen, kam wieder und setzte sich auf den gleichen Hocker, auf dem er vorher gesessen hatte. Sie hatte nicht einmal seine Abwesenheit bemerkt und steckte immer noch mitten in der gleichen Geschichte.

Trotz meines „Systems" und meines „Plans" versagte ich kläglich.

Am dritten Tag meines Wortbeschränkungsprogramms gab ich auf. Ich würde nie das süße, stille Mädchen werden, das sich im Hintergrund hielt und zu allem nickte.

Damals wusste ich es noch nicht, und ich kämpfe immer noch täglich gegen diesen Teil von mir an, aber heute denke ich, dass Gott mich nicht als stilles Mädchen erschaffen hat. Es ist nicht so, dass das eine besser als das andere ist oder dass ich Gott enttäusche, weil ich ich bin. Gott hat nie von mir verlangt, etwas anderes zu sein als der Mensch, als den er mich erschaffen hat; und mein einziges Versagen war, dass ich darüber nachdachte, breites Klebeband und eine Wortliste mit mir herumzutragen.

Das wollte Gott gar nicht von mir.

Ich habe versagt, weil er nicht wollte, dass ich beim So-tun-als-ob Erfolg habe.

> Ich wollte ein anderes Mädchen sein. Gott wollte das nicht.

Natürlich gibt es Situationen, in denen der Heilige Geist uns drängt, an uns zu arbeiten und nach Gottes Willen zu fragen. Doch das Ergebnis wird nicht unbedingt unseren idealistischen Vorstellungen davon entsprechen, was geschehen sollte.

Ich wollte ein anderes Mädchen sein. Gott wollte das nicht.

Nur falls es Sie interessiert: Gott findet normalerweise einen Weg, uns diese Lektion beizubringen, ganz gleich, wie sehr wir dagegen ankämpfen.

Heute muss ich lachen, wenn ich mir das unbeholfene Teenagermädchen von damals vorstelle. Wie sehr ich mich an das klammerte, was die anderen meiner Meinung nach von mir erwarteten – dabei weiß ich heute, dass Gott mich zum *Reden* berufen hatte!

Was ich als Charakterfehler betrachtete, war in Gottes Augen mein Potenzial.

Was ich als Schwäche wahrnahm, war die Begabung, mit der ich ihm Ehre machen sollte.

Was in meinen Augen ganz sicher Versagen war, war in Wahrheit der Kern meines Erfolgs.

Die Geschichte von Mose bringt etwas ganz Ähnliches zum Ausdruck. Ihm bereitete der Gedanke Probleme, dass er Gottes Sprachrohr sein sollte. Er sah sich dazu nicht in der Lage und war gar nicht begeistert, dass er etwas versuchen sollte, das er doch garantiert vermasseln würde.

Er flehte Gott an, es sich noch einmal anders zu überlegen: „O Herr, ich bin kein guter Redner; ich bin es nie gewesen – und seit du mit mir, deinem Diener, sprichst, hat sich daran nichts geändert. Ich kann nicht gut reden" (2. Mose 4,10).

Er erkannte an, dass er ein Diener Gottes war, doch er war voller Zweifel, weil er sich kannte und wusste, dass er mangels Fähigkeit als Redner wohl kaum Erfolg haben würde.

Gottes Antwort kam in Form einer Frage; und diese Frage hat meine Welt auf den Kopf gestellt, als ich darüber nachdachte, wie ich wohl darauf antworten würde.

„Wer hat den Menschen einen Mund gegeben? … Wer macht die Menschen stumm oder taub, sehend oder blind? Ich bin es, der Herr! Mach dich jetzt auf den Weg. Ich werde dir helfen und dir zeigen, was du reden sollst" (2. Mose 4,11-12).

Also gut. Offenbar ist Gott nicht begeistert, wenn Menschen sich über sein Meisterstück lustig machen.

Das heißt nicht, dass er uns unsere Zweifel und Fragen nicht vergibt; ich glaube, das gehört einfach zum Leben. Wir wollen sicher sein, dass wir Gott richtig verstehen, also bitten wir ihn in unzähligen Formen, sich deutlicher auszudrücken.

Doch ich glaube, unsere Fragen können unterschiedliche Motive haben, und dieser Unterschied ist von Bedeutung. Wenn wir mit gepackten Koffern zu Gott gehen und uns noch einmal vergewissern, dass wir seine Anweisungen richtig verstanden haben, ist das eine Sache. Wenn wir uns aber weigern, überhaupt die Reise zu planen, und unser Ziel darin besteht zu ignorieren, was Gott uns sagt, ist das eine andere Geschichte. Im Bibeltext heißt es, dass der Herr zornig wurde, als Mose ihn noch einmal fragte. Warum? Was ärgerte ihn so? Ich vermute, dass es etwas damit zu tun hatte, wie Mose auf Gottes Fragen geantwortet hatte und was hinter diesen Antworten steckte.

Gottes Antwort hätte dazu führen sollen, dass Mose ihm Respekt erwies und sich bereit erklärte, sich von den Händen seines Schöpfers formen zu lassen. Mose allerdings schien fest entschlossen, um den Auftrag herumzukommen:

„Herr, bitte schick doch einen anderen!" (2. Mose 4,13).

Am Ende schickt Gott Moses Bruder Aaron mit, um zu den Menschenmassen zu sprechen; jedoch nicht, bevor er Mose einen Stab in die Hand gegeben hat. Für mich repräsentiert der Stab die Vollmacht, die Gott Mose als Anführer der Israeliten übertragen hat. Wie wir aus späteren Bibelstellen wissen, wird Mose von Gott berufen, sein Volk aus Ägypten zu führen, doch es wird nicht alles glattgehen.

Genau genommen sagte Gott zu Mose: „Wenn du nach Ägypten kommst, dann vollbring vor dem Pharao alle Wunder, zu denen ich dich bevollmächtigt habe. Ich will sein Herz aber hart machen, sodass er das Volk nicht gehen lässt" (2. Mose 4,21).

Wenn ich das lese, erschüttert mich die Tatsache, dass Gott offenbar Moses Versagen vorprogrammiert hat. Er wird das Herz des Pharao hart machen, sodass er das Volk nicht gehen lässt, aber trotzdem will er, dass Mose den Auftrag pro forma ausführt?

Vielleicht gibt Gott uns unsere Aufgaben aus dem gleichen Grund.

Unsere Vorstellung von Erfolg in dieser Geschichte wäre doch, dass der Pharao auf der Stelle sprachlos ist und einwilligt, die Israeliten gehen zu lassen, nachdem Mose ihm all die wundersamen Dinge gezeigt hat, die Gott ihm aufgetragen hatte.

Gottes Rechnung sieht aber anders aus. Mir scheint es, als wollte Gott Mose ein gehorsames Herz antrainieren, und dieses Mal zieht Mose mit. Als der Pharao so reagiert, wie Gott es vorausgesagt hatte, sehen wir, dass Mose wieder den Rückzug antritt. Dieses Mal allerdings führt seine Frage zu einem ganz anderen Gespräch. Mose fragt Gott, warum er ihn losgeschickt hat, nur um zu versagen, und wirft ihm vor, seinen Teil der Abmachung nicht eingehalten zu haben.

Angesichts seines Gesprächspartners klingt Moses Kommentar ziemlich bissig, doch Gott ermutigt Mose zum Weiterkämpfen. Er versichert ihm auch, dass der Plan nach wie vor in Kraft ist. In 2. Mose 6,13 lesen wir: „Der Herr beauftragte Mose und Aaron, erneut zu den Israeliten und zum Pharao, dem König von Ägypten, zu gehen, um die Israeliten aus Ägypten zu führen." In diesem Vers ist das Wort für *beauftragen* im Grundtext *zawah*, was „befehlen" bedeutet.

Ich glaube nicht, dass Gott hier wütend auf Mose ist, sondern er ihm einfach immer mehr seinen Willen deutlich macht. Es ist so, als ob Gott sagt: „Du hast mich nicht enttäuscht. Du hast getan, worum ich dich gebeten habe, und nur weil es nicht so ausgegangen ist, wie du wolltest, heißt das nicht, dass es mich überrascht hat. Jetzt mach dich bereit für den nächsten Schritt, denn ich bin noch nicht fertig mit dir."

Wir haben meist nicht den gleichen Vorteil wie Mose bei den Ereignissen, die in 2. Mose 6 aufgeschrieben sind, nämlich, dass Gott ihm offenbarte, was in der Zukunft geschehen würde. Aber wir haben einen Gott, der jedem von uns die gleiche Frage stellt, wenn wir uns vor etwas scheuen, zu dem er uns berufen hat: „*Wer hat deinen Mund gemacht?*"

> Wir haben einen Gott, der jedem von uns die gleiche Frage stellt, wenn wir uns vor etwas scheuen, zu dem er uns berufen hat.

Es fällt auf, dass Mose, obwohl er von vornherein wusste, dass der Pharao seine Bitte ausschlagen würde, trotzdem voller Zweifel zu Gott ging. Selbst wenn Gott mit uns so deutlich und direkt sprechen würde wie mit Mose, könnte es trotzdem sein, dass wir zweifeln. Es ist ein hässlicher und letzten Endes sündiger Teil unseres Menschseins, dass wir oft das von uns gewünschte Ergebnis auf den Plan projizieren, den Gott für uns hat.

Dieses Muster setzte sich in mehreren Fällen fort, während Mose lernte, was es bedeutet, Gott wirklich zu vertrauen und zu gehorchen. Dabei schaffte er es sogar, gleichzeitig Gott zu misstrauen und sich die Ehre für Gottes Macht selbst zuzuschreiben.

Als die Israeliten begannen, ihre Unzufriedenheit über den Mangel an Wasser zu äußern, trug Gott Mose auf, sie zu versammeln und dem Felsen zu befehlen, Wasser zu spenden. Er und Aaron jedoch versammelten das Volk um sich und sagten: „Hört zu, ihr eigensinnigen Menschen! ... Was meint ihr? Werden wir euch Wasser aus diesem Felsen quellen lassen?" (4. Mose 20,10). Dann, statt das Wasser zu rufen, wie Gott es befohlen hatte, schlug Mose mit seinem Stab auf den Felsen, um das Wasser hervorzubringen.

Nicht seine beste Entscheidung.

Kam Wasser aus dem Felsen? Ja.

Heißt das, dass Mose erfolgreich war? Nicht ganz.

Und weil er Gottes Befehl nicht so gehorchte, dass deutlich wurde, dass die wirkende Macht von Gott kam, musste Mose sich sagen lassen, dass er nicht derjenige sein würde, der die Israeliten ins verheißene Land führt.

Moses Ungehorsam bedeutete Versagen, obwohl Wasser aus dem Felsen kam. Wieder sehen wir den Zusammenhang zwischen Gottes Zorn und dem Zustand von Moses Herz. Er war stolz und rebellierte, statt sich demütig unterzuordnen.

Wenn ich an das denke, wozu Gott mich trotz meiner Befürchtungen beruft, muss ich mich an den Stab erinnern, den er mir in die Hand gegeben hat.

Inmitten meiner Angst reicht er ihn mir als Erinnerung an seine große Macht. Es ist ein Segen, diesen Stab so zu benutzen, wie Gott es anordnet. Für die Situationen aber, in denen ich versuche, Gottes Macht als meine eigene darzustellen, muss ich zur Rechenschaft gezogen werden.

Ich habe den Stab nicht geschaffen und ihm auch keine Macht verliehen. Ich *halte* ihn bloß in der Hand und warte auf weitere Anweisungen.

Die einzige Macht, die dieser Stab hat, ist die, die Gott selbst ihm verliehen hat. Ich habe ihn ebenso wenig geschaffen wie meinen eigenen Mund.

Moses Versagen bestand nicht darin, dass er die Israeliten nicht beim ersten Versuch aus Ägypten führen konnte. Es bestand darin, dass er meinte, sie wären *sein* Volk.

Unser Versagen besteht darin, dass wir uns weigern zu tun, was Gott uns aufträgt. Es besteht darin, Gott zu erklären, wir seien nicht in der Lage zu dem, was er uns aufträgt.

Die Kraft, die wir durch Gottes Stab in unsere Hand bekommen, ist davon abhängig, wie demütig wir sind und ob wir seine neue Definition von Erfolg akzeptieren.

Wenn wir demütig, mutig und dankbar in die Richtung gehen, in die wir geführt werden, wird Gott dafür sorgen, dass wir nicht versagen. Wenigstens nicht nach seiner Definition. Und welche andere Definition sollte schon eine Rolle spielen?

Wenn wir einmal beim Thema Versagen sind, sollten wir uns auch noch eine andere damit verbundene Angst anschauen: die Angst vor Erfolg. Das klingt zunächst absurd, so als würde jemand sagen, er habe „Angst, zu sehr wie ein Fotomodell auszusehen", oder „Angst, dass mich alle mögen". Rein äußerlich sieht es nicht nach einer Gefahr aus, doch tatsächlich gibt es zu diesem Thema umfängliche Studien. Bevor ich anfing, dieses Buch zu schreiben, hätte ich Ihnen gesagt, dass dies vielleicht tatsächlich eine Angst ist, die ich nicht habe. Nachdem ich aber einiges darüber gelesen und über einige meiner Entscheidungen im Gebet nachgedacht hatte, dämmerte mir, dass ich in

> Viele Menschen, die Angst vor Erfolg haben, befürchten, nicht durchziehen zu können, was sie angefangen haben.

meinem Leben schon oft Angst vor Erfolg hatte. Und dann habe ich aus dieser Angst heraus gehandelt.

Eine Freundin von mir sagte kürzlich einmal: „Ich habe keine Angst zu versagen. Ich erwarte zu versagen. Und wenn es passiert, überrascht mich das nicht und trifft mich auch nicht unvorbereitet. Ich habe mich ganz gut daran gewöhnt. Aber wenn ich Erfolg habe, bekomme ich Panik. Alle Blicke sind auf mich gerichtet, und ich habe das Gefühl, dass es nur noch schlechter werden kann. *Das* ist wirklich furchterregend!"

Viele Menschen, die Angst vor Erfolg haben, befürchten, nicht durchziehen zu können, was sie angefangen haben. Gleichzeitig fürchten sie aber, nicht zufrieden zu sein, wenn sie es erreicht haben. Sie haben Angst, dass es ihnen nicht die Erfüllung, die Freude oder den Frieden bringt, den sie sich davon erwartet haben. Im Grunde ist es das Gefühl, dass wir alles tun und bekommen, was wir uns wünschen, und dann enttäuscht sind. Es kann durchaus sein, dass wir uns selbst sabotieren, um eine solche Enttäuschung zu vermeiden.

Eine weitere Seite dieser Angst ist das Gefühl, nicht zu verdienen, was wir bekommen haben. Sagen wir einmal, wir haben die Beförderung bekommen, die wir uns gewünscht haben, aber im gleichen Moment beginnen die Schuldgefühle. Wir haben das Gefühl, jemand Qualifizierteres sollte den Beifall ernten, und fangen an, uns in unserer Haut unwohlzufühlen. Die Spitze kann ein furchterregender Platz sein, da die tatsächliche Erfahrung selten den Erwartungen entspricht und selten das Gefühl vermittelt, alles könne auch weiterhin so gut laufen. Wir meinen, in dem Bereich, für den wir Anerkennung erhalten, die „Fassade" des effizienten, fähigen, intelligenten und begabten Menschen nicht aufrechterhalten zu können. Deshalb besteht eine Diskrepanz zwischen dem Umstand, dass wir etwas Erfolgreiches getan haben, und dem Gefühl, nicht zu wissen, wie wir diesen Erfolg weiterführen sollen. Wer solche Gedanken hegt, sabotiert sich leicht selbst, damit er erst gar nicht in die Situation kommt, auf den öffentlichen Prüfstand gestellt zu werden.

Gehen wir aber erst einmal zurück zur Angst vor dem Versagen, denn ich glaube, unser Freund Gideon hat uns in dieser Hinsicht einiges zu sagen, und ich hoffe, Sie werden davon ebenso sehr profitieren wie ich.

ᏀᎢᏛᏀᎢᏛᏀᎢᏛ

Gideon wollte ganz sicher sein, dass er Gott richtig verstanden hatte. Also bat er ihn, seinen Willen durch Zeichen zu bestätigen. Als Gott dies tat, glaubte Gideon ihm, dass er in den Kampf ziehen sollte –

obwohl ihm das Selbstvertrauen dazu fehlte. Gerade wollte er mit seinen Männern aufs Schlachtfeld aufbrechen, da konfrontiert Gott ihn mit der nächsten scheinbar unlösbaren Aufgabe: Er soll seine Armee von 32 000 auf 300 Männer reduzieren. Wir sehen hier Gideon als treuen Diener, der Gott gehorchte, auch wenn damit die Wahrscheinlichkeit für einen Sieg gegen null ging. Und als sie mitten unter den Feinden waren, wählte Gott eine seltsame Kampfstrategie: Sie sollten nicht mit Waffen kämpfen, sondern mit ihren Stimmen. Alle sollten gleichzeitig losschreien und dafür sorgen, dass die Midianiter in dem daraus folgenden Chaos aufeinander losgingen statt auf den Gegner.

Ich weiß nicht, wie Sie darüber denken, aber wenn ich in einen solchen Kampf ziehen müsste, wäre ich wohl versucht, einen Plan B in der Tasche zu haben – falls das mit dem Schreien nicht funktioniert.

Ohne zu zögern, gehorchte Gideon Gottes Auftrag und gewann die Schlacht.

Es gibt fünf Worte, die jedem von uns nützlich wären – als Frage, die jeden Krieg verändern könnte, in den wir eintreten:

„Habe ich dich nicht gesandt?"

Sobald wir uns sicher sind, dass es Gottes Stimme ist, die wir gehört haben, sollten wir zuversichtlich vorangehen, selbst wenn es so aussieht, als würde er uns geradewegs in eine sichere Niederlage schicken. Ich glaube, dass Gott Männer wie Gideon ausgewählt hat, um uns zu zeigen, dass wir nicht aufgrund unseres überlegenen Intellekts oder unserer unglaublichen Fähigkeiten gewinnen, sondern vielmehr aufgrund von *Gottes Gunst, die auf denen ruht, die ihm vertrauen.*

Wenn Gott uns alles gäbe, was für unseren Erfolg nötig ist, wären wir versucht zu glauben, es sei unser Sieg. Oft schickt er uns mit einem solchen Minimum an Ressourcen und Anweisungen los, dass jeder erfahrene Krieger darüber lachen würde. Unsere natürliche Reaktion bei Versagensangst ist, entweder so schnell wie möglich aus der Situation zu verschwinden oder das Ganze hinauszuschieben – was noch wahrscheinlicher ist. Wir wollen nicht zugeben, dass wir uns vor etwas drücken wollen, das Gott uns befohlen hat (nicht einmal uns selbst gegenüber!), also sagen wir einfach immer wieder, dass wir es schon irgendwann erledigen werden. Wenn ich Dinge vor mir herschob, dachte ich immer, der Grund sei Faulheit. Je mehr ich aber die Situationen analysierte, in denen ich mich so verhielt, umso mehr erkannte ich, dass der Grund ein Mangel an Glauben war. Ich gebe nicht gern zu, dass ich Angst habe, es überhaupt zu versuchen, also rede ich mir ein, dass ich es einfach *noch nicht* getan habe.

> Wenn wir die Bibel lesen, sehen wir, wie oft Gott Menschen zu etwas berufen hat, das für die Welt unmöglich erschien.

Solche Gedanken zeigen, dass wir uns nicht so auf Gott verlassen, wie es gut wäre. Stattdessen schauen wir zu sehr auf unsere eigenen Fähigkeiten und gehen davon aus, dass es sowieso nicht funktionieren wird. Wenn wir aber die Bibel lesen, sehen wir, wie oft Gott Menschen zu etwas berufen hat, das für die Welt unmöglich erschien. Ich liebe die Geschichte, wie die Israeliten um Jericho herummarschierten und schrien, bis die Mauern einstürzten. Leicht hätten sie das als lächerlichen Plan abtun und etwas Logischeres versuchen können, doch stattdessen waren sie gehorsam und durften das Ergebnis dieses Gehorsams erleben. Mir fällt es sehr schwer, Gott in solchen Jericho-Situationen zu gehorchen, aber wenn ich es doch getan habe, waren es die Momente, in denen mein Glaube für mich am greifbarsten war. Die Situationen, in denen ich am schlechtesten ausgerüstet war, waren diejenigen, die nicht nur meinen Glauben stärkten, sondern auch den Glauben der Menschen in meinem Umfeld.

Gott gebrauchte diese Situationen, um mir sehr eindrücklich beizubringen, dass ich ihm Ehre mache, solange ich nur auf ihn höre und ihm gehorche.

Wenn wir nun in der Bibel von diesen Ereignissen lesen, kann es sein, dass wir uns unglaublich weit von den Menschen entfernt fühlen, die direkten Kontakt mit Gott hatten – so wie Mose und Gideon.

Doch wir haben genau den gleichen Zugang zu Gott wie sie, und es wäre töricht zu glauben, dass wir Gott nicht bitten dürfen, sich uns zu offenbaren und uns nach seinem Willen zu leiten. In meinem Leben habe ich Gott schon oft gebeten zu bestätigen, dass ich ihn richtig verstanden hatte. Ich bitte ihn als Dienerin, die sich wünscht, seinem Willen zu entsprechen, und ich vertraue darauf, dass er mein Herz kennt, wenn ich eine solche Bitte ausspreche. Falls ich in einer bestimmten Situation keinen Frieden habe, gehe ich nicht weiter. Manchmal bekomme ich später Klarheit, manchmal nicht.

Eines möchte ich hier deutlich anmerken: Wenn Gott uns etwas aufträgt, wird es immer mit seinem Wort übereinstimmen. Er wird uns nie etwas auftragen, das seinem Charakter oder seinem Wort widerspricht, also sollte das immer unser erster Prüfstein sein, wenn wir versuchen, Gottes Willen herauszufinden. Dazu ist es am besten, regelmäßig in der Bibel zu lesen, damit wir Gottes Wort im Herzen haben und den Dingen, die uns begegnen, gewachsen sind.

Es ist so leicht, auf die eigene Kraft zu vertrauen und zu meinen, wir hätten alles im Griff. Wir vertrauen mehr auf uns selbst, als Gott zu suchen. Und das sind die Situationen, in denen plötzlich alles Kopf steht und wir verzweifelt ums Überleben kämpfen. Reden Sie sich nie ein, etwas aufgrund eines „Gefühls" oder einer spontanen Eingebung tun zu müssen. Beten Sie um den göttlichen Frieden, der aus einem Leben im Einklang mit Jesus kommt, und gehen Sie dann in die Richtung, aus der Sie seine Stimme hören.

❧❧❧❧❧❧❧

Einer meiner Lieblingsverse über Gideon lautet: „Als nun Gideon an den Jordan kam, ging er hinüber mit den 300 Mann, die bei ihm waren; die waren müde *und setzten dennoch die Verfolgung fort*" (Richter 8,4; SCH; Hervorhebung meine).

In welchen Bereichen Ihres Lebens spüren Sie diese Angst am intensivsten? Fürchten Sie, als Ehepartner zu versagen? Als Vater oder Mutter? Als Angestellter? Als Freund?

Vielleicht haben Sie auch Angst, kein guter Christ sein zu können.

Ich frage mich, ob Letzteres bei Ihnen ebenso einen wunden Punkt berührt wie bei mir. Ich glaube, es betrifft uns alle, weil wir wissen, dass wir Sünder sind und dass unser Herz uns immer noch in Situationen zieht, in denen wir nicht sein wollen. Wir strengen uns an, mit dem Gefühl durch den Tag zu kommen, „richtig" geglaubt zu haben, und konzentrieren uns intensiv auf unsere Fehltritte. Ich habe mehrere Menschen sagen hören, ihre größte Angst sei, wieder in das Leben abzugleiten, das sie geführt haben, bevor sie Christ wurden, und

> Meinen Sie, dass Sie ein Versager sind, wenn Sie nicht jedes Gebot Gottes einhalten? Ich hoffe nicht, denn dann werden Sie nie Frieden haben.

dann nicht mehr zurückkommen zu können. Wir alle sind von Natur aus Sünder, und der Kampf gegen diese alte Natur ist schrecklich schwer zu gewinnen. Kein Wunder, dass wir uns fühlen, als würden wir es nie „auf die Reihe bekommen". Je mehr ich mir einredete, dass ich ein „schlechter Christ" war, umso leichter akzeptierte ich mein schlechtes Verhalten und verteidigte es, weil es dem entsprach, was ich über mich selbst dachte. Darüber hinaus bemühte ich mich auch noch, dieses Image aufrechtzuerhalten, indem ich mich bei den hässlichen Dingen meines Lebens aufhielt, statt Gott zu bitten, dass er mir hilft, Entscheidungen zu treffen, die ihm entsprechen.

Welches Bild haben Sie vom Christsein? Meinen Sie, dass Sie ein Versager sind, wenn Sie nicht jedes Gebot Gottes einhalten? Ich hoffe nicht, denn dann werden Sie nie Frieden haben. Ich spreche hier aus Erfahrung, nicht wie ein Blinder von Farbe, und ich kann Ihnen sagen: Sie werden nie „Erfolg haben", wenn Ihre Erwartung darin besteht, die Sünde völlig überwinden zu können. Viele Menschen leben in der Angst, Gott zu enttäuschen, weil sie meinen, er lehnt sich aus dem Himmelsfenster und wartet nur darauf, dass wir eine schlechte Entscheidung treffen, damit er uns „drankriegen" kann. Wir fühlen uns immer nur einen Schritt davon entfernt, aus seiner Gegenwart verbannt zu werden – und statt die Kraft in Anspruch zu nehmen, die wir in ihm haben, der Sünde zu widerstehen und ihm immer ähnlicher zu werden, stecken wir den Kopf in den Sand und flehen ihn an, uns noch einmal eine Chance zu geben.

Hatten Sie schon einmal die Sorge, dass Sie vielleicht keine weitere Chance mehr bekommen könnten?

Ich will Sie hier nicht mit einem platten Spruch abspeisen, denn alles, was ich sage, kann neben der Wahrheit nur verblassen, und die Wahrheit lautet: Gott liebt uns und vergibt uns, denn wenn wir unser Vertrauen auf Christus als unsere Rettung gesetzt haben, sieht er letzten Endes nicht unsere Sünde, wenn er uns anschaut, sondern Jesu Vollkommenheit.

Ist das für Sie schwer zu verstehen? Dann sind Sie in guter Gesellschaft.

Ich möchte uns ermutigen, ein anderes Bild davon zu entwickeln, was bei Gott „Versagen" ist. Erstens: Wenn wir an Christus glauben, kann uns nichts von ihm trennen (Römer 8,38). Wir werden auch weiterhin sündigen, doch wir müssen uns nicht für die größten Versager aller Zeiten halten. Statt unsere Zeit damit zu verschwenden, unsere Fehler zu beklagen, beten wir doch lieber, dass Gott uns die Ursachen für unsere sündigen Verhaltensmuster zeigt. Suchen wir den Rat von Menschen, die schon einmal in unserer Situation waren. Sagen wir Gott jeden Tag, dass wir ihn brauchen, um ihm von ganzem Herzen dienen zu können, und verbringen wir regelmäßig Zeit mit seinem Wort. Durch die Bibel und die darin enthaltenen Verheißungen lernen wir Gott immer besser kennen und uns selbst besser verstehen. Damit werden wir auch immer mehr Kraft gewinnen, Versuchungen zu widerstehen.

Wenn wir unsere Sünde bereut und bei Jesus abgeladen haben, dann dürfen wir dem Feind nicht gestatten uns einzuflüstern, wir müssten immer wieder darüber nachdenken; denn je mehr wir das tun, umso wahrscheinlicher ist es, dass sich die Sünde wiederholt. Wir fangen an, uns über unsere schlechten Entscheidungen statt über unseren großen Retter zu definieren, und nur allzu leicht verfallen wir dabei mit wachsender Hilflosigkeit in alte Gewohnheiten. Lernen wir doch stattdessen, Buße zu tun und uns Gott zu unterstellen. Dann werden wir erleben, dass er sich verherrlicht und unsere Schuld begleicht.

Mein Gebet ist, dass Sie immer eines wissen, wenn Sie an Ihrer Angst vor „Versagen" in Ihrer Beziehung zu Gott arbeiten: dass alle, die mit Ihnen in der Kirchenbank sitzen, die gleiche Angst haben (egal, was sie sagen). Ich glaube, diese Angst ist ein besonders wirksames Instrument des Feindes Gottes, denn wenn er uns einreden kann, dass wir zu schlecht sind, um gut zu sein, kann es sein, dass wir einfach aufhören uns zu bemühen. Schauen wir stattdessen unserer Sünde ins Gesicht. Bekennen wir sie Gott, erlauben wir seinem Geist, uns wieder Frieden zu schenken, und fangen wir an, im fraglichen Bereich Entscheidungen zu treffen, die Gott entsprechen.

Lassen Sie uns an jedem Tag, den Gott uns schenkt, uns ganz darauf konzentrieren, gehorsam zu sein, statt vermeintlich zu siegen. Setzen wir all unsere Kraft daran, das Angesicht des Gottes zu suchen, der uns so gern in unserer Schwachheit Kraft schenkt. Bewerten wir unser Versagen im Licht des gnädigen Gottes neu, der uns mit der gleichen Stimme ruft, mit der er Mose und Gideon rief.

⟡⟡⟡⟡⟡⟡

Herr Jesus, bitte hilf uns zu sehen, dass der Beifall der Welt, unser Einkommen, die Anerkennung anderer und jedes andere weltliche Bild von Erfolg im Vergleich dazu verblasst, dir Folge zu leisten. Wir lassen uns so leicht von Zahlen, Detailfragen oder Zeitdruck gefangen nehmen, doch all das nützt gar nichts, wenn wir uns von dir entfernen. Bitte hilf uns, uns nicht so sehr von anderen einnehmen zu lassen, und gib uns eine Sehnsucht nach deinem Willen für unser Leben. Wir möchten Diener sein, die das Leben in unserer Umgebung wahrnehmen und auf schnellstem Weg zu dir kommen, wenn wir dich rufen hören. Was für ein gnädiger Gott du bist, dass du uns erlaubst, immer wieder zu versagen, und uns trotzdem liebst!

Die Angst vor dem Tod

Sie waren schon tagelang mit ihm unterwegs. Sie hatten gesehen, wie er auf wundersame Weise Aussätzige, Gelähmte und Besessene heilte. Er hatte jeden von ihnen berufen, ihm nachzufolgen, und es muss sie mit tiefer Ehrfurcht erfüllt haben, wenn sie sahen, wie Menschen als ganz neue Geschöpfe weggingen, nachdem sie sich in seiner Gegenwart aufgehalten hatten. Schon oft habe ich mich gefragt, wie wohl ihre Gespräche am Ende eines Tages ausfielen, wenn die Menschenmassen nach Hause gegangen sind und sie mit ihm allein waren. Sie hatten eine erstaunliche, einzigartige Beziehung – sie durften ihn nicht nur von Weitem sehen, sondern das Leben mit ihm teilen und über das sprechen, was in ihrem Herzen vorging, über ihre Ängste, Hoffnungen und Träume.

In den Evangelien entdecken wir immer wieder kleine Einblicke in Jesus Beziehung zu seinen Jüngern, aber ich stelle mir gern vor, wie der ganz normale Alltag mit ihm aussah: Sie aßen, lachten, sprachen miteinander. Diese Männer kannten Jesus von Nazareth in einer Weise, wie wir ihn nicht kennen, und sie vertrauten ihm als Freund.

Ich persönlich stehe manchmal in der Versuchung zu glauben, wenn ich Jesus von Angesicht zu Angesicht erlebt hätte, würde ich nie an ihm oder seiner Liebe zu mir zweifeln. Doch die Wahrheit ist: Selbst die Jünger hatten Augenblicke, in denen sie zweifelten und sich verraten fühlten.

Nach einem Tag, an dem sie wieder viel unterwegs gewesen waren, steigt Jesus mit diesen „Menschenfischern" in ein Boot, und wir lesen, dass auf der Überfahrt ein Sturm über dem See aufkommt. Das Boot wird von den Wellen hin- und hergeworfen und der Regen durchnässt sie, aber Jesus schläft – scheinbar ohne Rücksicht auf ihre Sicherheit.

Ich finde mich selbst in den Jüngern wieder.

Es sind Menschen, die ihn lieben und glauben, dass er nur ihr Bestes will. Und doch, wenn das Wasser steigt und die Dunkelheit hereinbricht, fragen sie sich – fragen wir uns, ob das alles ihn vielleicht doch gar nicht kümmert.

Vielleicht ist er eingeschlafen und lässt zu, dass wir von den widrigen Umständen überwältigt werden.

> Wenn das Wasser steigt und die Dunkelheit hereinbricht, fragen wir uns, ob das alles ihn vielleicht doch gar nicht kümmert.

Vielleicht war alles umsonst, dieser Weg in Treue zu ihm.

Unter den zuckenden Blitzen wenden sie sich verzweifelt an ihn, und im Rumpf dieses Schiffes, das nie in Gefahr war, rufen sie den zu Hilfe, der den Sturm beherrscht.

❧❧❧❧❧❧

Die Angst vor dem Tod ist für mich nichts Neues; ich hatte sie, solange ich denken kann. Jeden Sommer in meiner Kindheit besuchten wir meine Großeltern in Charlotte, North Carolina. Oder, wie diese Seite meiner Familie es ausspricht: „Chaaalott, Noooth Caalaina". Die Luft war schwül in der Julihitze und wir saßen in Schaukelstühlen auf der hinteren Veranda, während wir grüne Bohnen schnippelten und uns Geschichten von vor einer halben Ewigkeit anhörten. Es sollte eigentlich eine fröhliche Zeit sein, in der wir kicherten und von allem naschten, was jeweils in den Kochtopf wandern sollte. Sicher hatte ich auch Momente, in denen ich diese Fröhlichkeit empfand. Was mir aus jenen Tagen aber am meisten in Erinnerung geblieben ist, ist, dass ich beobachtete, wie die Sonne über Opas Obstgarten immer tiefer sank, und wusste, dass bald Schlafenszeit war.

Und das war ein schreckliches Gefühl.

Nach dem Abendessen saßen wir vor dem Fernseher, doch ich kann mich an keine einzige Sendung erinnern, die wir anschauten. Ich weiß noch, wie ich versuchte, mein Brathähnchen hinunterzubekommen, ohne mich zu übergeben. Und obwohl ich mich nicht mehr daran erinnere, hat man mir erzählt, dass ich einmal zwei Hähnchenschenkel in die Hände nahm und sie gackernd über den Tisch tanzen ließ. Meine Eltern versanken vor Scham fast im Boden, und Oma wischte sich mit einem sauberen Leinenhandtuch über den Mund und räusperte sich in einem Tonfall, der bedeutete: *„Da brat mir doch einer 'nen Storch ..."*

Tagsüber wanderte ich ins Gästezimmer, in dem ich mit meiner Schwester schlief, und übte, in das große Bett zu steigen. Ich schloss die Augen und stellte mir vor, es sei mitten in der Nacht. Meistens schaffte ich das nicht sehr lange. Dann stand ich auf und ging zu der kleinen Kommode, auf der noch Dinge standen und lagen, die vor vielen Jahren meiner Mutter als Mädchen gehört hatten. Ich schaute in den kleinen Handspiegel, das Haar auf dicke, weiche Lockenwickler drapiert, schürzte die Lippen und schüttelte den Kopf, während ich flüsterte: „Keine Angst. Es gibt keinen Grund, Angst zu haben", während ich roten Lippenstift auftrug.

In dem Zimmer gab es ein Kristallfläschchen mit altem Parfüm, das eigentlich als Dekoration gedacht war, doch an einem verregneten Nachmittag beschloss ich, es zu meiner Wunderwaffe zu machen. Ich drückte auf die kleine Pumpe und schloss die Augen, überzeugt davon, endlich den entscheidenden Trick herausgefunden zu haben. Obwohl es nicht die Angst vertrieb, lenkte es mich doch einige Minuten lang ab, während ich mir die Haare kämmte. Dann probierte ich das nächste „Wundermittel" aus.

Ich setzte mich bei Opa auf den Schoß und stellte ihm eine Frage nach der anderen, bis er mich ermahnte, still zu sein. Ich dachte nämlich ernsthaft, wenn ich ihn zum Reden bringen könnte, müsste ich nicht ins Bett gehen. Irgendwann war es aber an der Zeit, und während der Geruch vom Abendessen noch durch das Haus waberte und Oma das Geschirr spülte, wurde ich zum Schlafengehen in mein Zimmer geschickt.

Ich hasste dieses Zimmer. Es roch nach Mottenkugeln und der traurigen Kindheit meiner Mutter.

So still wie möglich lag ich im Bett und versuchte, den Gesprächen der Erwachsenen zu lauschen, denn solange sie noch wach waren, war alles in Ordnung. Sie waren auf der Wacht vor Schwierigkeiten und würden mich vor Einbrechern und der Dunkelheit beschützen. Doch normalerweise hielt ich nicht mehr als nur wenige Minuten durch, bevor das Geräusch meines eigenen Herzschlags mich genug verängstigte, um aufzuspringen und auf dem Bauch über den Flur zu rutschen, geleitet vom flackernden Licht des Fernsehers im anderen Zimmer.

Ich näherte mich meiner Familie, so weit es ging, setzte mich an der Wand auf und lauschte dem Klang des Lebens. Dabei erinnerte ich mich daran, dass niemand im Garten hinter dem Haus war; dass niemand versuchte, durchs Fenster einzusteigen; dass niemand meiner Familie etwas zuleide tun wollte. Gelegentlich schaffte ich es, ein paar Minuten lang dort zu sitzen, bis ich versehentlich einen Laut von mir gab und wieder über den Flur zurückgeschickt wurde.

Eines Sommers entwickelte ich einen ausgeklügelten Plan: Meine jüngere Schwester Jennifer sollte unser Zimmer „bewachen". Es war ganz einfach; wir würden uns beim Schlafen abwechseln. Ich stellte den Wecker im Zwei-Stunden-Takt, und wenn er klingelte, war „Schichtwechsel". So konnten wir beide ein paar Stunden schlafen, und unsere Sicherheit war gewährleistet. In der ersten Nacht des neuen Plans wachte ich auf und stellte fest, dass meine Schwester mit einem Buch in der Hand und dem Licht der Lampe im Gesicht vor sich hin schnarchte. Ich bewarf sie mit einem Plüschhund und erinnerte sie daran, welche Folgen es haben konnte, wenn keiner aufpasste. Sicher erfand ich irgendeine schreckliche Geschichte und versprach ihr eine Belohnung, die ich ihr natürlich nicht geben konnte, aber es funktionierte.

Jedenfalls ein paar Nächte lang.

Dann beschloss sie, dass sie, falls ihre Zeit zu sterben gekommen wäre, es einfach akzeptieren würde. Sie erklärte mir, dass sie keine Angst vor der Nacht hatte wie ich. Trotzig drehte sie sich im Bett um, und ich starrte an die Decke, nur einen Gedanken im Kopf. Es war ein Gedanke, der mir seitdem sehr, sehr oft durch den Kopf gegangen ist: „Jetzt hängt alles an *mir*."

Unter der geblümten Bettwäsche atmete ich ein und aus, während ich den Grillen lauschte und versuchte so zu tun, als wäre es schon Morgen. Die Last der Verantwortung war unerträglich, und ich musste hin und wieder mit meinem kleinen, verschwitzten Gesicht unter der Decke auftauchen, um wieder zu Atem zu kommen.

Es sind nicht mehr die gleichen Zimmer. Es ist nicht mehr die gleiche Geschichte. Die Tage sind heute anders ... wenn auch nicht ganz anders. Wenn ich heute Abend meine Tochter in den Schlaf wiege, werde ich mich an das knarrende Geräusch erinnern, wenn wir im Sommer auf der Veranda im Schaukelstuhl saßen; und ich werde den Augenblick fürchten, in dem ich sie in ihr Bettchen legen muss. Ich werde mit klopfendem Herzen zu Bett gehen, während ich tue, was ich schon seit über dreißig Jahren tue: *so tun, als sei es schon Morgen.*

> Als jemand, der Dinge gern logisch durchdenkt, habe ich mir hin und wieder einreden können, dass die Wahrscheinlichkeit, dass mir oder jemandem, der mir nahesteht, etwas zustößt, sehr gering ist.

Als jemand, der Dinge gern logisch durchdenkt, habe ich mir hin und wieder einreden können, dass die Wahrscheinlichkeit, dass mir oder jemandem, der mir nahesteht, etwas zustößt, sehr gering ist. Das hat auch eine Weile funktioniert.

Zumindest bis zum 7. Januar 2008, als ich einen Raum betrat, der mich in einen so bodenlosen Schmerz stürzte, dass ich daran zweifelte, ob ich mich je davon erholen würde.

Ich war mit meiner vierten Tochter schwanger und der Ultraschall eigentlich nur Formsache. Ich sollte sie herumturnen und ihr Herz schlagen sehen. Aller Wahrscheinlichkeit nach ein Routinetermin – aber so war es nicht.

Eineinhalb Stunden später kam ich in Schockstarre aus dem Untersuchungsraum und versuchte zu verarbeiten, was man mir mitgeteilt hatte: Meine Tochter würde nicht überleben. Jede Angst, die ich mit tröstenden Statistiken zu verdrängen versucht hatte, war plötzlich meine Realität. Die Büchse der Pandora hatte sich geöffnet und ich war wie vom Donner gerührt. Wie sollte ich das überleben? Was meinte Gott, wen er sich für mich eine solche Tragödie ausgesucht hatte? Ich war keiner jener starken Menschen, die mit einer solchen Belastung fertig werden können. Gott wusste das, und doch stand ich hier, schwanger mit Audrey und dem Tod Auge in Auge gegenüber.

In den folgenden Monaten suchten Todd und ich ihre Grabstätte aus, planten ihre Beerdigung, und ich weinte, bis meine Augen zugeschwollen waren. Ich flehte Gott an, sie zu retten, und tat alles, was ich konnte, um den jeweiligen Tag in einem Stück zu überstehen. Ich weiß, andere dachten, ich sei tapfer, aber ich kenne die Wahrheit: Ich hatte schreckliche Angst, und ich war schwach.

Je näher der Tag der Geburt rückte, umso härter wurde der tägliche Kampf. Oft litt ich unter den Vorstellungen, was wohl passieren würde. Vielleicht würde sie um Atem ringen oder Schmerzen haben; vielleicht lebte sie gar nicht lang genug, um uns kennenzulernen. Es war eine dunkle Zeit für unsere Familie, die Zeit bis zu dem angekreuzten Tag im Kalender, an dem sie auf die Welt kommen und sie wahrscheinlich auch wieder verlassen würde: 7. April 2008.

Sie lebte zweieinhalb Stunden und zeigte mir einen Platz in meinem Herzen, den ich noch nie gesehen hatte. Gott segnete mich mit einem Frieden, der sich nicht erklären lässt. Als sie zu Gott ging, war keine Angst im Raum. Es war ein stiller, kostbarer und unsäglich schwerer Augenblick – aber ich hatte keine Angst. Nachdem sie gestorben war, hielt ich ihren kleinen toten Körper noch lange im Arm und starrte in die Abgründe meiner größten Angst.

Im folgenden Monat starb mein drei Monate alter Neffe am plötzlichen Kindstod.

Ich wusste, dass etwas nicht in Ordnung war, als das Telefon spät am Abend klingelte, aber ich versuchte, meine Gedanken zu ignorieren. Als ich erfuhr, dass er gestorben war, fiel ich verzweifelt zu Boden und konnte kaum begreifen, dass es erneut geschah.

Ich kann die Bilder von ihm nicht vergessen und auch nicht die tiefe Trauer, die ein Leben begleitet, das einem unvollendet erscheint. Wie kann man weiter an einen Gott glauben, der so etwas zulässt? Wie kann man darauf vertrauen, dass er über uns wacht und alles im Griff hat, wenn man die winzigen Sachen eines Babys zusammenlegen muss, das nicht lange genug lebte, um sie zu tragen? Wer ist dieser Gott, der schläft, während die Wellen das Boot bedrohen?

Ich fand mich an Bord mit diesen Menschenfischern wieder, sah, wie der Himmel sich verfinsterte und das Wasser stieg. *Wo war er?*

Grundsätzlich hätte ich Ihnen sagen können, dass ich an Jesus glaubte und ihm vertraute, dass er mein Leben in der Hand hielt. Doch bis zu jenem Zeitpunkt hatte ich wohl für andere Menschen mehr von diesem Glauben als für mich selbst.

Die größte Tragödie hatte mich getroffen. Was ich jahrelang gefürchtet hatte, war Realität geworden. Zwei Menschen, die ich liebte, lagen tief in der Erde begraben, Seite an Seite, und wir würden sie nie wieder in den Armen halten können.

In gewisser Weise hatte ich das Gefühl, Gott hätte die Hände vom Steuer genommen und das ganze Lebensschiff sei ungeschützt allen möglichen Katastrophen ausgeliefert. Selbst damals wusste ich, dass dies die Stimme des Feindes war, aber es war unglaublich schwer, sie zu ignorieren.

Ich werde nie den Urlaub am Meer vergessen, den wir machten, kurz nachdem wir unsere Tochter verloren hatten. Ich war wie betäubt und klammerte mich an alles, was irgendwie nach Normalität aussah. Daher dachte meine Familie, ein Tapetenwechsel sei eine gute Idee.

Mit immer noch dickem Bauch von der Entbindung saß ich im heißen Sand und starrte die Menschen um mich herum an. Kilometerweit Menschen, die mit mir am Strand waren. Es erdrückte mich fast, wie ruhig sie wirkten. Sie lasen Bücher, bauten Sandburgen, lachten über die Wellen und knabberten Kartoffelchips, während die Sonne auf ihre Kinder schien. Ich hingegen war außer mir vor Angst und fühlte mich wie ein Statist bei einem Filmdreh.

Wissen die denn nicht, dass sie alle sterben werden? Wie können sie sich nur so normal verhalten? Sie wissen nicht, wie oder wann, aber sie werden sterben. Jeder Einzelne von ihnen. Es könnte auf dem Heimweg passieren oder in fünfzig Jahren. Sie könnten an Krebs sterben, durch einen Autounfall, durch einen dummen Zufall, an einem Aneurysma, an einer Krankheit, durch Ertrinken …

Meine Hände zitterten, als ich aufstand und zum Wasser ging. Ich lauschte, wie die Wellen am Strand sich überschlugen, und flehte Gott um Frieden an, als mich die Angst überkam. Ich weiß noch, dass mir die Zähne klapperten, während ich meinen Gedanken erlaubte, alle möglichen Katastrophenszenarien durchzuspielen. Nach mehreren Minuten schaute ich auf und suchte mit den Augen meine Familie. Sie waren ganz in der Nähe. Das Eis am Stiel tropfte auf ihre Badesachen und sie wirkten völlig sorgenfrei. Ich war außer mir vor Sorge und konnte meine Gedanken nicht bremsen. All die Möglichkeiten, all das, was passieren könnte, und mir – mir waren bei alldem die Hände gebunden!

> Ich weiß noch, dass mir die Zähne klapperten, während ich meinen Gedanken erlaubte, alle möglichen Katastrophenszenarien durchzuspielen.

Ich wollte nicht, dass sie mich weinen sahen, also ging ich am Strand entlang, während ich mit Gott sprach. Ich würde gern sagen, dass dies der einzige Moment war, in dem mich die Angst vor dem Tod lähmte, aber so war es nicht.

In ihrem Kern ist diese Angst die Erkenntnis, dass ich das Leben nicht in der Hand habe. Nur Gott kennt meinen letzten Tag auf dieser Erde und weiß, auf welche Weise ich zu ihm kommen werde. Dieses Wissen ist mir nicht zugänglich. Wie auch bei vielen anderen Ängsten liegt für mich der Kampf darin anzuerkennen, dass mich all meine Sorgen der Antwort kein Stück näher bringen werden.

Ich sage, ich habe Angst vor dem Fliegen, aber im Grunde denke ich, ich habe einfach Angst zu sterben.

Das sind sechs Worte, die ich lange heruntergeschluckt habe, weil ich nicht seltsam oder ungeistlich erscheinen wollte … *Ich habe Angst vor dem Tod.*

Nachrichten zu Gewaltszenen, Morden und Unfällen finde ich auf eine Art und Weise anziehend, die ich zutiefst verabscheue. Ich habe solche Angst, dass ich es nicht ertragen kann wegzuschauen. Dann rede ich mir mitten in der Nacht ein, dass ich etwas draußen vor dem Fenster gehört habe, und male mir aus, was wohl als Nächstes geschieht. Es ist mir peinlich, das zu schreiben, denn es ist weder besonders souverän noch ehrt es Gott so, wie ich ihn mit meinen Gedanken ehren möchte. Aber ich bete, dass irgendjemand, der das liest, nickt und eingesteht, dass selbst diejenigen von uns, die an den Himmel glauben, Angst vor ihrem Abschied aus dieser Welt haben.

Ich habe Geschichten von unglaublichen Missionaren gelesen, die für ihren Glauben zu Märtyrern wurden, und ich frage mich, ob ich den gleichen selbstlosen Mut hätte. Ich möchte es glauben, aber manchmal überschattet die Angst meine Liebe zu Jesus. Ich weiß, dass ich mit dieser Angst nicht allein bin, aber ich glaube, Christen fällt es schwer, darüber zu sprechen, und dadurch werden wir nur noch mehr zu Außenseitern. Immerhin bedeutet doch der Abschied von diesem Körper, dass wir dann beim Herrn sein werden. Und welcher Christ will das denn nicht?

Bei jenem Strandurlaub betete ich viel und bat Gott, meine ängstlichen Gedanken durch Glauben zu ersetzen. Eines Abends sah ich meine Großmutter allein auf dem Balkon und schlich mich hinaus, um mit ihr zu reden.

„Oma, darf ich dich mal was echt Seltsames fragen?" Sie nickte und verstellte etwas an ihrem Hörgerät. Das Ding summt ständig und macht sie wahnsinnig. Ich glaube, sie hört ohne besser, aber so, wie sie täglich ihre Vitamine aus ihrem Pillenschächtelchen einnimmt, tut sie auch noch andere Dinge, die sie mit ihren zweiundneunzig Jahren für „altersgerecht" hält. Sie will sich einfach nicht wie das Kind auf der Party fühlen, das die falschen Schuhe anhat, verstehen Sie? Also trägt sie das Hörgerät und hat ihren nach Wochentagen aufgeteilten Tablettenspender wie alle anderen Neunziger im Seniorenzentrum.

„Hast du manchmal Angst vor dem Sterben?"

Sie lächelte ein klein wenig und schüttelte den Kopf. Nein.

Ich fragte sie, warum, und sie sagte, sie habe ein wunderbares Leben gehabt und das Sterben mache ihr einfach keine Angst. Ich starrte sie fasziniert an, weil ich mir ihren Glauben wünschte. Ich wünschte mir die Freiheit, mich nicht über Sachen verrückt machen zu müssen, die passieren könnten – oder auch nicht.

Ich wollte den Ozean anschauen und ihn schön finden – und nicht daran denken, dass er mich verschlingen könnte.

> Diese Angst war in meinen Augen eine Schwäche, die mich in meinem Wert herabsetzte.

Es war eine besonders schwere Zeit für mich, da ich in den letzten Wochen bei drei Beerdigungen gewesen war. Der Feind verhöhnte mich mit Bildern, wie mir, meinem Mann oder meinen Kindern etwas zustoßen könnte, und ich muss gestehen, dass ich ihn ließ.

Ich hatte das Gefühl, als Christ ein Versager zu sein. Ich sollte doch anderen Mut machen können! Diese Angst war in meinen Augen eine Schwäche, die mich in meinem Wert herabsetzte. Ich betete, las in der Bibel, bat Gott um Hilfe – und trotzdem lag ich nachts vor Verzweiflung weinend wach. Ich konnte an nichts weiter denken als daran, dass ich den Verlust eines weiteren geliebten Menschen nicht überleben würde. Dieses Gefühl kann ich nur als Qual bezeichnen, und es fraß mich fast auf. Ich schämte mich für das, was ich als mangelnden Glauben empfand. Selbst heute noch, ein paar Jahre später, kommen mir die Tränen, wenn ich mich an jene Momente erinnere.

Wie gern würde ich jetzt eine hübsche Schleife um diese Geschichte binden und Ihnen sagen, dass Gott diese Angst aus meinem Leben weggenommen hat. Leider ist das nicht der Fall. Ich habe immer noch damit zu kämpfen. Allerdings sehe ich sie heute etwas anders als damals. Davon möchte ich Ihnen erzählen und hoffe, dass es Ihnen Mut macht.

Ich glaube, es ist ganz natürlich, Angst vor dem Tod zu haben – vor unserem eigenen und dem geliebter Menschen. Sünde existiert; das ist eine schreckliche Realität. Satan freut sich über unsere schlaflosen Nächte und unsere Zweifel an Gottes Souveränität. Wir müssen unsere Angst immer wieder Gott in die Hände legen und uns mit Menschen umgeben, die uns dazu anhalten, auf Gottes Güte zu vertrauen. Rein praktisch gesehen gibt es Dinge in unserem Leben, die dem Feind Ansatzpunkte bieten, und jeder von uns muss selbst herausfinden, was diese Bereiche bei ihm sind.

Ist Ihnen schon einmal aufgefallen, dass Ängste magnetisch sind? Ich musste mir beispielsweise ein Limit setzen, wie viele Nachrichtensendungen ich schaue oder tragische Geschichten im Internet lese. Ich bekomme viele E-Mails von Menschen, die Verluste erlitten haben, aber ich habe begriffen, dass ich meine eigenen Ängste nur größer mache, wenn ich mich in ihre Geschichten vertiefe. Ich bete, dass dies eines Tages nicht mehr der Fall sein wird, aber vorerst habe ich verschiedene Grenzen gesetzt, die mir enorm helfen. Ja, ich habe Angst, aber ich gestatte mir nicht, in Situationen zu bleiben, in denen ich das Gefühl habe, dass der Feind sich über diese Angst freut.

Ich möchte ein Beispiel dafür geben, was ich „gesunde Angst" nennen würde: Ich habe Angst, mitten in der Nacht allein durch den Park zu gehen. Das ist wahrscheinlich eine gute Entscheidung, meinen Sie nicht? Ich kann auf die rationale Seite der Angst hören, aber aufhören, mich mit allen möglichen Szenarien verrückt zu machen. Ich kann vernünftige, gesunde Regeln haben, um Gefahren aus dem Weg zu gehen, aber das heißt nicht, dass ich mich in den potenziellen Möglichkeiten verlieren muss. Jeder muss für sich herausfinden, was die kritischen Bereiche in seinem Leben sind. Bitten Sie Gott dabei um Hilfe. Wenn Ihnen bewusst wird, dass Sie sich zu sehr mit Ihren Ängsten beschäftigen, greifen Sie stattdessen zur Bibel.

Ich staune, wie viele Frauen, mit denen ich mich unterhalten habe, sagen, dass sie die gleichen Probleme haben. Wie bei jeder anderen Angst spekuliert Satan darauf, dass wir uns schämen, mit anderen darüber zu sprechen. Als ich anfing, einigen Frauen, denen ich vertraute, von meiner Angst zu erzählen, wurde meine Last durch ihr Verständnis und ihre Ratschläge leichter.

Die Angst vor dem Tod ist ein Teil des Lebens, und weil wir „einen großen Hohen Priester haben, der ... unsere Schwächen [versteht]" (Hebräer 4,14-15), sollten wir uns sicher genug fühlen, mit unseren Sorgen zu ihm zu gehen.

Wie Matthew Henry so wortgewandt erklärt, gibt es nur eine Lösung für diese Angst:

„Es mögen alle, die den Tod fürchten und danach streben, ihre Ängste zu beherrschen, nicht weiter versuchen, ihr zu trotzen oder sie zu unterdrücken; mögen sie nicht mehr durch Verzweiflung nachlässig werden oder der Bosheit verfallen. Sie mögen keine Hilfe von der Welt oder menschlichen Mitteln erwarten; vielmehr mögen sie Vergebung, Frieden, Gnade und eine lebendige Hoffnung auf den Himmel suchen, durch Glauben an den, der starb und auferstand, damit sie so die Angst vor dem Tod überwinden."[3]

David, der ein „Mann nach dem Herzen Gottes" genannt wurde, erlebte selbst die Angst vor dem Tod, als sein Feind, der einst sein Freund gewesen war, ihm nach dem Leben trachtete. In Psalm 55 sagt er: „Mein Herz fürchtet sich und Todesangst überfällt mich. Angst und Schrecken überkommen mich und ich zittere am ganzen Leib" (V. 5-6).

Oft habe ich, so wie David, davon geträumt, wie es wäre, aus dem Sturm an einen sicheren Ort fliehen zu können – nur um daran erinnert zu werden, dass der Herr unsere Zuflucht ist. Er ist der sichere Ort, den ich mir so oft selbst zu schaffen versucht habe. Im gleichen Psalm fordert uns David auf, unsere Sorgen auf Gott zu werfen, indem er uns daran erinnert, dass der Herr selbst im Angesicht unserer Feinde vertrauenswürdig ist.

Es gibt mir Frieden, dass Gott uns in seinem Wort Beispiele von Menschen zeigt, die treue, hingegebene Diener von Jesus Christus waren und trotzdem Angst hatten. Diese Beispiele zeigen uns, dass wir mit der Art und Weise, wie wir auf Angst reagieren, Gelegenheit haben, Gott zu verherrlichen. Wie

> Diese Beispiele zeigen uns, dass wir mit der Art und Weise, wie wir auf Angst reagieren, Gelegenheit haben, Gott zu verherrlichen.

David am Ende von Psalm 55 schrieb, war seine Zukunft noch immer ungewiss, doch er nutzte seine Angst, um Gott vertrauen zu lernen. Was für ein wunderbares Bild des Glaubens und Friedens in einer Situation, die ihn hätte zerstören können!

❧❧❧❧❧❧

Mich tröstet es zu wissen, dass Jesus mich versteht. Vielmehr noch: Er kam, um „die [zu] befreien, die ihr Leben lang Sklaven ihrer Angst vor dem Tod waren" (Hebräer 2,15).

Das wirft eine interessante Frage auf. Die Theologen streiten sich, ob Jesus Christus Angst vor dem Tod hatte oder nicht. In Lukas 22 lesen wir, dass Jesus seinen himmlischen Vater bittet, den Kelch an ihm vorübergehen zu lassen, falls es seinem Willen entspricht. Mir ist nicht ganz klar, ob ihn die Trennung von Gott dem Vater quälte, die eintreten würde, oder ob er auch menschliche Angst vor dem Tod empfand. Wir erfahren nicht genau, was Jesus fühlte, doch wir wissen, dass seine Erfahrungen auf der Erde ausreichten, um sich mit jedem Leid und jeder Versuchung identifizieren zu können, die wir erleben – einschließlich unserer Angst vor dem Tod (Hebräer 2,17-18; 1. Korinther 10,13). Ob Jesus nun auf die gleiche Art und Weise Angst vor dem Tod erlebte wie wir oder nicht – wir wissen, dass Jesus in Erwartung des nächsten Teils im Plan seines Vaters leidet. Um es mit seinen eigenen Worten zu sagen: „Meine Seele ist zu Tode betrübt" (Matthäus 26,38).

An diesem Punkt tat Jesus zwei vielsagende Dinge. Erstens bat er um Gemeinschaft mit seinen Jüngern. Zweitens betete er allein. Wir wissen nicht genau, warum er seine Jünger einbezog, doch manche Theologen meinen, dass er es unter anderem tat, damit seine Jünger sein Gebet sahen und hörten und in dieser entscheidenden Phase von Gottes Plan in der Nähe waren. Sein Vorbild sollte uns ermutigen. Der Trost, den wir durch die Gemeinschaft mit anderen Christen erfahren, ist ein wirksames Mittel gegen unsere Angst; und wir sollten nicht vergessen, dass unsere Abhängigkeit von Gott in solchen Zeiten ein wichtiges Zeugnis ist. Unsere Beziehung zu anderen ist ein entscheidender Faktor, wenn wir die Angst vor dem Tod überwinden wollen.

Ich habe Hunderte Frauen gefragt, was sie im Leben am meisten fürchten, und viele sagten: „Allein zu sterben." Es war nicht nur die Angst vor dem Tod oder davor, in den letzten Augenblicken des Lebens zu leiden, sondern die Angst, keinen zu haben, der ihnen im Geist nahe genug stand, um mit ihnen „zu wachen". Jesus bat seine Jünger im Grunde, mit ihm mitzufühlen, als die Stunde seines Todes unmittelbar bevorstand. Er wünschte sich Gemeinschaft mit seinem Vater, und dabei wollte er seine Jünger in der Nähe haben.

Sosehr die Jünger Jesus auch liebten, sie konnten die Augen trotz seiner mehrfachen Bitten nicht offen halten. Selbst dadurch werden wir behutsam daran erinnert, dass Menschen nie zu jeder Zeit unseren Erwartungen und Wünschen gerecht werden können. So wie Jesus müssen wir in Gemeinschaft mit Gott bleiben und ihn bitten, uns in unserem Unglück Frieden zu bringen.

⚜⚜⚜⚜

Nachdem wir Audrey verloren hatten, war ich sehr besorgt um Abby und Ellie. Kate war noch zu klein, um die Situation wirklich zu verstehen, doch die Zwillinge waren sehr sensibel und in einem Alter, in dem sie leicht Angst bekamen. Ich hatte ihnen erklärt, dass das Baby sterben würde und dass der Körper ihrer kleinen Schwester dann wie eine Puppe wäre, aber ihr Geist würde bei Gott im Himmel sein. Obwohl ich ihnen gesagt hatte, dass wir uns davor nicht fürchten müssen, betete ich, dass Gott nicht zuließ, dass sie durch diese Erfahrung auf Jahre in Angst und Schrecken lebten. Die Situation mit Audrey verkrafteten sie recht gut, doch als wir erfuhren, dass ihr Cousin Luke gestorben war, bekamen sie große Angst, dass einem von uns etwas zustoßen könnte.

In Wahrheit ging es uns genauso. Wir fuhren nach Georgia, um bei meinem Schwager und seiner Frau zu sein, die versuchten, mit ihrem entsetzlichen Verlust zurechtzukommen. Jedes Mal, wenn auf dem Weg dorthin ein anderes Auto die Spur wechselte und der Verkehr um uns herum unberechenbar schlingerte, zuckte ich zusammen. Als wir ankamen, waren alle Kinder im Swimmingpool, und die Spannung war spürbar, wenn die Eltern immer wieder ihre Kinder beim Namen riefen, um sich zu vergewissern, dass mit ihnen im Wasser noch alles in Ordnung war. Gegen Abend – die Kinder schwammen und kicherten immer noch, zu jung, um den Verlust so zu verstehen wie wir – standen mein Schwager Greg und ich am Rand des Pools. Wir starrten sie an, wie sie mit Schwimmbrillen und heiser vom Spielen mit ihren Schwimmringen herumturnten. Es war unbegreiflich, dass ihnen der tiefe Verlust so wenig bewusst war, und doch kam mir der Gedanke, dass sie etwas hatten, das uns fehlte.

Gregs Augen waren geschwollen und rot und seine Arme hingen leblos an ihm herunter, während er die Kinder anstarrte. „Schau sie dir nur an, Angie. Sie spielen einfach und amüsieren sich, als wäre das alles nicht passiert. Kannst du dir das vorstellen?"

„Ehrlich gesagt, Greg, wenn wir wirklich verstehen könnten, wo Luke und Audrey jetzt sind, wären wir genauso fröhlich wie sie." Er nickte, und wir beobachteten weiter die Kinder, wie sie sich müde spritzten und tobten. Ein wunderbares Leben, ohne das Wissen, dass wir alles verlieren könnten.

> Wenn ich wirklich von ganzem Herzen glauben könnte, was die Bibel sagt, nämlich, dass der Tod besser als das Leben ist, würde das völlig revolutionieren, wie ich lebe und liebe.

Ich kann das alles zwar glauben, wenn es nur auf dem Papier steht, aber es ist sehr schwer auszuleben. Wenn ich wirklich von ganzem Herzen glauben könnte, was die Bibel sagt, nämlich, dass der Tod besser als das Leben ist, würde das völlig revolutionieren, wie ich lebe und liebe. Es würde mich ständig daran erinnern, dass das Schlimmste gar nicht so schlimm ist, wie es aussieht, weil Gott auf der anderen Seite wartet. Wie ich bereits gesagt habe: Ich behaupte, ich hätte Angst vor dem Fliegen, aber in Wirklichkeit fürchte ich mich nicht vor dem Flugzeug. Ein Haufen Metall ist an sich gar nicht Angst einflößend. Was mir Angst macht, ist der Gedanke, dass er *nicht in der Luft bleibt!* Wenn der Flug unruhig wird, schaue ich auf den anderen Plätzen nach, ob noch jemand Angst hat. Normalerweise finde ich keinen, und das vermittelt mir das beruhigende Gefühl, dass alles normal ist. Dass gerade Turbulenzen auftreten, heißt nicht, dass wir abstürzen. Und das gilt nicht nur für Flugzeuge.

Was sind Ihre „Turbulenzen"? Ihre Tochter, die noch im Teenageralter ist, auf die andere Seite der Stadt zu einer Party fahren zu lassen? Zu sehen, wie Ihr Mann Chemotherapie bekommt? Können Sie ehrlich behaupten, Sie hätten niemals Angst, der Anruf mitten in der Nacht könnte Ihnen die Nachricht bringen, dass etwas Schreckliches passiert ist? Die meisten unserer Ängste sind eigentlich übersteigerte Reaktionen auf Dinge, die wir als lebensbedrohlich empfinden – seien es nun Hunde, Wasser, Spinnen oder enge Räume. Sie alle vermitteln uns das Gefühl, ihnen vielleicht nicht entkommen zu können, und dieses Gefühl ist wie eine Schlinge um unseren Hals, tagein, tagaus.

Wir kämpfen darum, alles in den Griff zu bekommen, und wir kämpfen noch mehr, wenn wir loslassen sollen. Wie schön wäre es doch, ohne Zweifel daran glauben zu können, dass dieses Leben nur das Vorspiel ist?

Ich glaube nicht, dass Gott will, dass wir mit der ängstlichen Frage durchs Leben gehen, wie wohl unser Leben nach dem Tod aussehen wird. Er weiß allerdings, dass wir das, was „Ewigkeit" bedeutet, unmöglich begreifen können. Das kann ein beunruhigendes Gefühl sein, und ich glaube, es ist nur eine weitere Gelegenheit, trotz des Mangels an greifbaren Beweisen zu glauben. Wir entscheiden uns, an den Himmel zu glauben, so wie wir an Gott glauben, wenn mitten in der Nacht das Telefon klingelt oder das Flugzeug in der Luft ruckt und vibriert. Nicht, weil wir es in unserer Menschlichkeit erklären könnten, sondern weil wir an Gottes Göttlichkeit glauben.

Ich bin durch Todesschatten gewandert, und Sie vielleicht auch.

Dort herrschten große Traurigkeit und Verwirrung, aber ich kann mit Gewissheit sagen, dass ich Gott heute mehr vertraue als vor dem Verlust von Audrey. Es ist nicht immer leicht, einen Gott zu lieben, den man nicht sehen oder anfassen kann, aber wenn ich in der Bibel lese und im Gebet mit ihm Zeit verbringe, werde ich daran erinnert, dass er gut ist. Ich vertraue auf das, was ich nicht sehen oder verstehen kann – und dies sind die Augenblicke, in denen ich mich am lebendigsten fühle.

❧❧❧❧

Vor einigen Jahren erlebte ich etwas, das dazu geführt hat, Angst seitdem mit ganz anderen Augen zu sehen.

Wir waren mit der Großfamilie meinerseits außerhalb unterwegs und machten vor dem Abendessen noch einen Einkaufsbummel. Dabei kamen wir an einem riesigen Bungee-Trampolin vorbei, das für mich wie ein Foltergerät aussah. Die Kinder dachten sich jedoch, es könnte Spaß machen, es einmal auszuprobieren, und so stellten wir uns an. Es war unverschämt teuer, doch das kümmerte mich eigentlich nicht, weil ich wusste, dass sie die Aktion nie im Leben durchziehen würden. Sie hatten Angst vor allem, was auch nur im Entferntesten gefährlich wirkte, und bei diesem Gerät wurde man auf einen Sicherheitssitz geschnallt und dann so hoch geschleudert, wie das Trampolin und die Bungee-Seile es hergaben. *Sehr* hoch.

Wir bogen um die erste Kurve, und als ein kleiner Junge hoch in die Luft flog, wartete ich darauf, dass sie mir mitteilten, sie hätten ihre Meinung geändert. Doch das taten sie nicht. Sie schauten nur weiter zu und die Schlange vor uns wurde immer kürzer. Auf der Zielgeraden schaute ich Todd an und fragte ihn wortlos: „Was ist hier los?" Ich meine, ich wollte die Kinder darin unterstützen, etwas Neues auszuprobieren, doch das war verrückt. Ich wollte ihnen keine Angst machen, weil ich nicht meine Ängste auf sie übertragen will, also ermutigte ich sie, als sie an der Reihe waren. Wir zahlten, und ich fragte, wer es zuerst probieren wollte. Abby meldete sich schüchtern und schaute mich an, um zu sehen, ob das auch in Ordnung war.

„Super, Abby! Das macht bestimmt einen RIESENspaß!" Ich wünschte, ich hätte die Szene auf Video, denn es war perfekt gespielte (und hundertprozentig gelogene) Begeisterung. Ich dachte wirklich nicht, dass sie sich überhaupt anschnallen lassen würde. Falsch gedacht. Und dann sprang sie, so fest sie konnte, und lächelte uns die ganze Zeit an.

Mich hätten Sie mit einer Feder umhauen können.

Als Nächstes war Ellie an der Reihe, die wahrscheinlich mein ängstlichstes Kind ist. Sie kommt so sehr nach mir. Immer will sie über alles informiert sein und das Gefühl haben zu wissen, was in der nächsten Sekunde passiert. Sie überlegt jede Entscheidung, als hinge ihr Leben davon ab. Das bricht mir das Herz, weil sie unweigerlich das Gefühl hat, als hätte sie die falsche Entscheidung getroffen, ganz gleich, was sie tut. Ich beugte mich zu ihr herunter und gab ihr das Geld, das sie der Kassiererin überreichen sollte. Ellie schaute mich an, und ich konnte sehen, dass sie Angst bekam, also beruhigte ich sie, so gut ich konnte.

„Schatz, Abby hat es gerade gemacht, und sie hatte so viel Spaß! Wenn wir jetzt gehen, ohne dass du es auch gemacht hast, bereust du es später bestimmt."

Sie schaute Abby an, die ihr die Hand abklatschte, als sie wieder zu uns kam. „Es ist super, Ellie. Von da oben kann man den ganzen Platz sehen!"

Ellie schüttelte leicht den Kopf, als wollte sie nicht gehen. Ich tat so, als hätte ich es nicht gesehen, und stupste sie aufmunternd an.

„Soll ich wirklich, Mami? Ich meine, ist es wirklich okay?", fragte sie.

„Natürlich ist es okay, Schatz. Ich warte hier und schaue zu, wie

> Sie überlegt jede Entscheidung, als hinge ihr Leben davon ab. Das bricht mir das Herz, weil sie unweigerlich das Gefühl hat, als hätte sie die falsche Entscheidung getroffen, ganz gleich, was sie tut.

du springst. Nun geh schon." Todd nickte ebenfalls, also gab sie endlich den verschwitzten Stapel Dollarnoten ab und ging zum Start.

Sie erreichte die Stelle, an der man sie anschnallen würde, und ich sah, wie ihr Gesicht sich verzog. Sie ließ den Kopf hängen, hob die Schultern und kniff die Augen zusammen. Ich war mir ziemlich sicher, dass wir unser Geld zurückbekommen würden, und wollte schon dem Mann winken, sie zurückzuschicken.

Doch kurz bevor er das tat, tat *sie* etwas, das ich kaum glauben konnte. Sie öffnete die Augen, ging einen Schritt weiter und wartete, bis er sie angeschnallt hatte.

Ich schaute zu Todd, der ihr ermutigende Worte zurief, und Abby neben ihm tat das Gleiche. Ellie versuchte ein kleines, ängstliches Lächeln, als sie ihre Anfeueraktion beendeten.

Der Mann, der Ellie angeschnallt hatte, sagte etwas zu ihr, und sie nickte. Gleich darauf ließ er sie los und schickte sie samt Sitz auf den Weg nach oben.

Ich hielt den Atem an und war bereit loszuschreien, damit sie wieder runtergelassen würde. Beim ersten Sprung riss sie die Augen weit auf und hielt sich ganz steif, als sie unten wieder aufkam. Beim dritten Sprung hatte sie sich aber schon entspannt und sah so aus, als hätte sie Spaß. Die Umstehenden hatten mitbekommen, dass sie fast den Rückzug angetreten hätte, also fingen sie an, sie zusammen mit uns anzufeuern.

Ich bin mir ziemlich sicher, dass sie keinen einzigen Ton hörte.

Irgendwann sprang sie so fest hoch, wie ihre Beine es hergaben, und segelte hoch in den Himmel, als hätte sie nicht eine einzige Sorge im Leben. Auf dem Höhepunkt des Sprungs warf sie den Kopf in den Nacken, die Augen geschlossen und ein ekstatisches Lächeln von einem Ohr bis zum anderen auf dem Gesicht. Genau diesen Moment fing ich mit dem Fotoapparat ein: wie sie mitten in der Luft, die Zehen nach oben gestreckt, das Erlebnis genoss, das ihr aus Angst fast entgangen wäre.

Als ich das Kameradisplay studierte, spürte ich, wie Gott zu mir sagte, ich solle mir ihr Gesicht genau anschauen.

Vertrau mir, Tochter. Ich habe Wunderbares für dich vorbereitet ...

Dieses Foto ist für mich zu einer beständigen Erinnerung daran geworden, wenn ich vor einem Hindernis stehe, das unüberwindlich wirkt, oder einer Angst, die übergroß scheint.

Ich will mir nichts entgehen lassen, Herr ...

In diesem Leben stehen wir immer am Rand des Swimmingpools, ein paar Jahre zu alt, um noch zu glauben, dass das Leben gut und fair ist. Wir wissen es besser, und darum lassen wir uns von der Ungewissheit auffressen. In jenem Moment am Pool mit meinem Schwager entschied ich, dass ich mein Leben so leben wollte wie die Kinder an jenem heißen Tag in Georgia. Gott weiß, wann unser Leben enden wird, und er kennt die unruhige Angst unseres Herzens. Was für uns am besten ist und ihm am meisten Ehre macht, ist, das Wasser zu genießen, solange wir es haben, und immer daran zu denken, dass uns ein noch viel besserer Ort erwartet.

⊙⊱⊙⊱⊙⊱⊙

Der Sturm hatte seinen furchterregenden Höhepunkt erreicht. Die Wellen schlugen über den Rand des Bootes und die Jünger gerieten in Panik. Kümmerte das alles Jesus gar nicht? Würde er sie nicht retten? Wie konnte er bei diesem Sturm schlafen, obwohl er wusste, dass sie alle sterben würden?

Wir können viel aus Jesu ruhigem Schlaf im Boot lernen. Seine Jünger wussten, dass er Wunder tun konnte, doch um ein Wunder für ihr eigenes Leben von ihm zu erwarten, hatten sie nicht genug Vertrauen. Das Gleiche sehe ich auch bei mir: Wenn jemand anderes krank ist oder Angst hat, bin ich die Erste, die ihn oder sie zum Glauben ermutigt. Doch wenn es um mich geht, denke ich oft, Jesus sei eingeschlafen.

> Wenn jemand anderes krank ist oder Angst hat, bin ich die Erste, die ihn oder sie zum Glauben ermutigt. Doch wenn es um mich geht, denke ich oft, Jesus sei eingeschlafen.

Die Wurzel dieser Angst ist die brennende Frage, ob ich ihm wirklich so wichtig bin, wie ich es gern glauben möchte, oder nicht.

Vor einigen Jahren machten wir als Familie eine Seereise, und meine Tochter Ellie freundete sich mit einer Frau an, bei der Krebs im Endstadium festgestellt worden war. Ellie stand zwischen Todds Vater und dieser Frau, deren Kopftuch im Wind flatterte, und fragte sie, warum sie ein Kopftuch trug. Die Frau erklärte, durch die Behandlung seien ihr die Haare ausgefallen; aber sie wollte sich trotzdem hübsch fühlen und trug deshalb jeden Tag ein Kopftuch, das zu ihrer jeweiligen Kleidung passte. Ellie fragte sie, ob die Behandlung half, und die Frau antwortete, dass sie darum betete, aber es nicht genau wisse.

Ich sah, wie Ellie darüber nachdachte; und obwohl ich nicht das ganze Gespräch hören konnte, machte ich mir Sorgen, wie sie wohl reagieren würde. Ihre Antwort war eine Überraschung für mich. Ellie schaute hinaus aufs Wasser und deutete in die Ferne.

„Sehen Sie das?" Sie zeigte auf die Wellen und die Frau nickte.

„Gott hat die Wellen hier gemacht. Er hat auch den Sand gemacht und den Vogel da und das Schiff hier. Er macht, dass die Sonne aufgeht und untergeht, und er ist ganz stark!" Die Frau lächelte Ellie an und hörte gespannt zu.

„Seine Hände sind so groß", fuhr Ellie fort, „dass er diese ganzen tollen Sachen machen kann!" Dann unterbrach sie sich und dachte offenbar an etwas, das sie zu beunruhigen schien. „Aber ich glaube, seine Hände sind zu groß, um ein Sandwich zu machen!"

Ich hörte, wie mein Schwiegervater laut loslachte, und später erzählte er mir das ganze Gespräch. Die Frau mit dem Kopftuch fand den Gedanken auch lustig, und Ellie freute sich sehr, dass sie etwas gesagt hatte, das alle fröhlich machte.

Später an jenem Abend lag ich in meinem Bett, während das Kreuzfahrtschiff durch die Dunkelheit glitt. Das Wetter hatte für etwas unruhigen Seegang gesorgt, und es machte mich nervös, an Bord dieses Schiffes zu sein. Der kleine Kreuzfahrtkanal, der auf dem Fernseher in meiner Kabine lief, lieferte immer wieder neue Nachrichten über das Wetter, und ich hatte gehört, dass es wohl erst noch schlimmer werden würde, bevor es besser wurde. Mein Herz klopfte heftig, und meine Hände schwitzten so sehr, dass mein Kopfkissen, an dem ich mich krampfhaft festhielt, schon ganz feucht war.

Ich dachte über das nach, was Ellie an diesem Tag zu jener Frau gesagt hatte, und lächelte, als mir klar wurde, dass dies einer der Gründe für meine Angst war. Ich zweifle nicht daran, dass Gott Himmel und Erde geschaffen hat, und auch nicht, dass er Menschen vom Tod erweckt hat und zur Rechten des Vaters sitzt. Das alles sind große Dinge, die zu einem großen Gott passen.

Aber in der Hand dieses großen Gottes bin ich ganz klein, und ich fürchte, dass er seine Finger nicht klein genug machen kann, um mich festzuhalten.

Ich weiß, dass das nicht dem entspricht, was in der Bibel steht, aber oft habe ich das Gefühl, ich könnte von seinem Radar verschwinden. Es ist fast, als glaubte ich, dass er mit etwas Wichtigerem beschäftigt wäre, und wenn er aufschaut, ist in der Zwischenzeit – bäng – mein Flugzeug abgestürzt. Oder das Schiff untergegangen. Oder meine kleine Tochter hat das Auto nicht kommen sehen. Oder mein Mann hat einen Anruf vom Arzt bekommen, der sagt, es ist schlimmer als ursprünglich angenommen. Meine Welt zerbricht, und er ist einfach zu *groß*, als dass es ihm auffiele.

Auf dem Papier sieht dieser Gedanke dümmer aus, als er sich im Leben anfühlt.

Vielleicht *fühlen* Sie sich nicht, als wäre Ihr Leben für Gott wichtig, obwohl Sie es intellektuell *wissen*. Sie glauben wohl seinen Verheißungen, wenn es um andere Menschen geht. Doch wenn Sie selbst von den Wellen umhergeworfen werden, haben Sie vielleicht den Eindruck, als ruhte er sich für etwas Wichtigeres aus.

Mir geht es auch so.

Zum Glück haben wir beide unrecht.

Jesus stillt den Sturm, doch er stellt seinen Jüngern auch eine Frage. Diese Frage trifft auch uns, wenn wir die gleiche Angst empfinden. „Wo ist euer Glaube?" (Lukas 8,25).

Machen wir unseren Glauben an der Konstruktion des Bootes fest? An dem Holz, aus dem es gebaut ist? An den anderen Jüngern? Ruht unser Glaube auf unserer Arbeit? Unserer Gesundheit? Auf unserem Navigationssystem, unserem Arzt, unseren Vitaminen, unserem Heimtrainer, unseren Genen?

Haben wir uns eingeredet, dass etwas, das wir kontrollieren können, uns kontrolliert? Dann werden wir ganz sicher enttäuscht werden.

> Machen wir unseren Glauben an der Konstruktion des Bootes fest? An dem Holz, aus dem es gebaut ist? An den anderen Jüngern?

Erinnern wir uns noch, wie Jesus seine Jünger berief? Vier von ihnen waren Fischer, und nach einem besonders erfolglosen Tag auf dem Wasser gab Jesus Simon einen seltsamen Auftrag. Er sagte: „Fahr weiter hinaus und wirf dort deine Netze aus, dann wirst du viele Fische fangen" (Lukas 5,4).

Simon erklärte ihm höflich, dass er schon die ganze Nacht vergeblich gefischt hat. Dann sagte er jedoch, er wolle seine Netze noch einmal auswerfen, weil Jesus es ihm aufgetragen hatte. Das gefällt mir. *Herr, ich habe es aus eigener Kraft versucht – und habe nichts vorzuweisen. Aber ich vertraue dir, und wenn du mir sagst, ich soll es noch einmal versuchen, dann werde ich das tun.* Vielleicht glaubte er nicht, dass das Ergebnis anders ausfallen würde, doch er gehorchte trotzdem. Und wie Jesus versprochen hatte, hatten Simon und die Söhne des Zebedäus am Ende ihres Arbeitstages mehr Fische in ihren Netzen, als diese fassen konnten.

Die Männer fielen vor Jesus nieder und bekannten ihre Sünde im Licht dessen, wer er ist. Jesus antwortete Simon: „Hab keine Angst! Von jetzt an wirst du Menschen fischen!" (Lukas 5,10).

Um das Wunder zu erleben, müssen wir dem vertrauen, der uns aufträgt, aufs tiefe Wasser hinauszufahren. Und wenn der Himmel sich verdunkelt und das Wasser ins Boot zu strömen beginnt, müssen wir uns an den Tag erinnern, an dem er uns auftrug, trotzdem hinauszufahren.

Ich möchte gern Menschenfischerin sein – eine, die dem Herrn der zerrissenen Netze vertraut. Und so, wie ich meine Netze auswerfe, werfe ich auch meine Sorgen auf den Einen, der mir helfen wird (Psalm 55,23).

Ich frage mich, ob die Jünger in jenem Augenblick das begriffen, was wir alle in unserer Angst wissen sollen: Jesus ist nicht nur für die Aussätzigen und Blinden gekommen. *Er kam für mich.*

Was Jesus vor fast 2000 Jahren im Garten Gethsemane tat, muss auch ich heute tun. Ich werde Menschen, denen ich vertraue, um mich sammeln und mich auf den Gott verlassen, der den Kelch in der Hand hält.

Und wenn ich an der Reihe bin, bete ich, dass ich das Gleiche tun kann, was Jesus tat, und mein Leben für den gebe, der die Wellen gestillt hat; für den, der mich aufs tiefe Wasser hinausgeschickt hat, damit meine Liebe zu ihm größer werden konnte als meine Angst vor der Nacht.

❧❦❧❦❧

G o t t , wir wollen nicht in Angst vor dem leben, was auf uns zukommt. Wir wollen das, was du für uns hast, nicht dadurch herabsetzen, dass wir aus unserer Menschlichkeit heraus handeln. Bitte erinnere jeden, der diese Worte liest, daran, dass du vertrauenswürdig bist und dass der Tod im Licht dessen, was du versprochen hast, keine Macht über uns hat. Bitte hilf uns, dass wir uns nicht die Schönheit dessen entgehen lassen, was im Schatten der Angst wachsen kann – dazu wollen wir unseren Blick auf dich richten statt auf die Welt. Dafür werden wir dir alle Ehre geben, Herr.

6 Der erste Stein

Die Angst, von der Vergangenheit eingeholt zu werden

❧❦❧❦❧

Ihre Geschichte ist eine meiner Lieblingsgeschichten in der ganzen Bibel, weil sie mir Hoffnung gibt.[4]

Ich bin zwar keine Ehebrecherin, doch ich erkenne mich in ihr wieder. Ihre Augen glitten über die Menge, und sie hörte zu, als die Männer ihre hässliche Sünde offenlegten. Sie warfen sie der Menschenmenge vor und beschrieben ihr Vergehen vor den Ohren aller Anwesenden in allen Details. Es ist uns nichts dazu überliefert, ob sie Widerstand leistete oder protestierte, und wir müssen davon ausgehen, dass sie, wie ihr vorgeworfen wurde, des Ehebruchs schuldig war.

Sicher wusste sie, was auf sie zukam, als sie Jesus anschaute, der bei ihnen stand und alles genau beobachtete. Nach dem Gesetz musste sie gesteinigt werden, und ich denke mir, dass sie sich innerlich auf die Todesstrafe einstellte. Es würde auch kein rascher, schmerzloser Tod sein. Sie würde die körperlichen Schmerzen und die emotionalen Qualen erleiden müssen, die sie, das wusste sie, verdient hatte. Ich kann mir vorstellen, wie alle sie anschrien und anklagten, ganz außer sich vor Ärger über das, was sie getan hatte.

Aus dem Chaos entstand Bewegung.

Einer nach dem anderen in der Menschenmenge wandte seine Aufmerksamkeit von ihr ab, hin zu Jesus, und er tat etwas Faszinierendes. Statt der Frau zu geben, was sie verdiente, sagte er kein Wort.

Was er tat, könnte man als einen der provokativsten Momente betrachten, der in der Bibel festgehalten wurde: Er kniete sich hin und begann, mit dem Finger auf den Boden zu schreiben. Er schaute nicht hoch zu den anderen und konzentrierte sich ganz auf das, was er schrieb. Dies ist das einzige Mal in der Bibel, dass wir Jesus schreiben sehen. Ich lese die Worte in der Bibel und merke, dass ich versuche, physisch näher zu ihm zu gelangen und seine Arbeit zu studieren. Dort auf dem Boden steht die Antwort, die ich mein Leben lang gefürchtet habe.

Mir dreht sich der Magen um, wenn ich darüber nachdenke, was er wohl darüber zu sagen hat, wer ich wirklich bin – und sicher machte die Frau sich ebenfalls Gedanken. Ich bin schuldig im Sinne der Anklage. Keine Verteidigung. Nur ich, die wartende Menge und der Gott, der alles weiß.

> Ich bin schuldig im Sinne der Anklage. Keine Verteidigung. Nur ich, die wartende Menge und der Gott, der alles weiß.

Jesu Hand bewegt sich, und in uns allen brennt die gleiche Frage: *Herr Jesus, was sagst du zu einem Sünder wie mir?*

⁘⁙⁘⁙⁘

Es ist schon über zehn Jahre her, seit ich zum ersten Mal einen Bibelkreis besuchte. Damals war ich Magisterstudentin an der Vanderbilt-Universität und stand an einer großen Wegkreuzung meines Lebens. Schon jahrelang hatte ich das Gefühl, keinen festen Boden unter den Füßen zu haben. Ich sah alle schlechten Entscheidungen, die ich getroffen hatte, und die Folgen belasteten mich noch immer schwer.

Eine Freundin lud mich zu einem Bibelkreis ein, und ich hatte keine Ahnung, was das war. Ich war einsam und die Gruppe traf sich in der Straße, in der ich wohnte, also willigte ich ein. Meine Freundin sagte, ich sollte mir das Arbeitsheft besorgen, das sie gerade durchnahmen, und erzählte mir von einem Laden in der Innenstadt, wo ich es bekommen konnte.

Ich schwänzte mein Nachmittagsseminar und machte mich auf zu besagtem Laden, doch beim ersten Anlauf ging ich nicht hinein. Ich saß auf dem Parkplatz im Auto, telefonierte und entschied, nachdem ich das Schaufenster begutachtet hatte, dass das eine schlechte Idee war.

Diese Leute waren perfekt. Perfektes Make-up, perfektes Lächeln, perfekter Glauben. Und ich war die Seminarschwänzerin, die im Auto saß und die Beastie Boys hörte.

Ich fuhr nach Hause, rief meine Freundin an und erklärte ihr, mein Terminplan sei doch voller, als mir bewusst gewesen war, und ich könne mich montagabends nicht regelmäßig freimachen. Ich sagte ihr, ich würde einmal mitkommen, um ihre Freunde kennenzulernen, aber ich würde mir nicht das Arbeitsheft kaufen und ich würde auch nie wieder in den Laden gehen, wo mich 4000 Jesus-Augen anstarrten.

Der nächste Montag kam, und ich versuchte, ein konservatives (hässliches) Outfit zu finden. Ich machte mir die Haare, schminkte mich und traf mich vor der Tür mit meiner Freundin. Dabei jammerte ich, die Sache würde bestimmt als totales Desaster enden. Aus irgendeinem Grund erinnere ich mich daran, dass ich mit meiner Freundin Audra in den Aufzug stieg und ein Hinweisschild sah, das jemand dort aufgehängt hatte. Offenbar war derjenige in Eile gewesen und hatte statt „BLEIBEN SIE RUHIG" „BLEIBEN SIE UHRIG" getippt. Wir mussten furchtbar lachen, und bis heute sagen wir uns das gegenseitig, wenn es mal hektisch wird.

Als sich die Wohnungstür öffnete, war mir entsetzlich schlecht. Ich gab allen die Hand, entschuldigte mich und verschwand ins Badezimmer, um tief durchzuatmen. Einige Minuten später zogen alle ihre riesigen Bibeln aus der Tasche, und wie bei einer einstudierten Choreografie landeten alle auf der gleichen Seite. Ich schaute Audra mit zusammengekniffenen Augen an und tadelte sie stumm dafür, dass sie mir nicht gesagt hatte, dass wir eine Bibel brauchten. Denn wissen Sie, der Begriff „Bibelkreis" war nicht so ganz eindeutig.

Ich bin mir ziemlich sicher, dass ich in meiner Handtasche kramte, als würde gleich eine große Bibel herausfallen; dann erklärte ich, ich habe sie wohl daheim vergessen. Die Gruppenleiterin bat uns, uns nacheinander vorzustellen, und ich fing an zu schwitzen, als stünde ich vor Gericht. Ich zermarterte mir das Gehirn nach etwas Normalem, das diese außerirdischen jungen Frauen zufriedenstellen würde, die natürlich keine Ahnung hatten, was ich am Wochenende zuvor gemacht hatte.

Dann kam ich an die Reihe. Ich rieb die Handflächen aneinander und erklärte, dass ich mich freute, da zu sein (Lüge Nr. 1), dass ich meine Bibel zu Hause vergessen hatte (Lüge Nr. 2) und dass ich noch keine Gelegenheit hatte, mir das Arbeitsheft zu besorgen (wenigstens blieb ich bei der Unwahrheit …). Das nette Mädchen, das die Gruppe leitete, lächelte mich nur an, als wäre ich ein süßes Hundebaby, und sagte: „Kein Problem! Ich habe einen HAUFEN Bibeln, und ich habe dir auch schon mal ein Arbeitsheft besorgt." Sie war ganz aufgeregt und drückte mir beides in die Hand. So gut ich konnte, tat ich so, als wäre dieser Abend keine Folter für mich. Ich wollte nicht, dass sie sich zu viele Hoffnungen in Bezug auf mich machten, denn sie würden gleich merken, dass ich keine von ihnen war.

„Das ist wirklich nett. Ihr seid alle sehr freundlich, und ich würde gern mehr über Gott erfahren. Aber meine einzige Erfahrung mit ihm habe ich gemacht, als ich sechs war. Da hat meine Mutter mir einen Topfhaarschnitt verpasst, und ich habe gebetet, dass meine Haare über Nacht wieder nachwachsen. Das ist nicht passiert, und seitdem bin ich nicht gerade sein größter Fan." Ich presste die Lippen aufeinander, damit sich mein Lippenbalsam besser verteilte, und zuckte mit den Schultern. Keiner lächelte. Das sollte reichen. Ich schaute die junge Frau neben mir an und gab ihr mit einem Blick zu verstehen, dass sie an der Reihe war.

> Sie schaute mich an, als sei ich eine Mischung aus tierischem Unfallopfer und „Armes Bambi!".

Offenbar war sie nicht der Meinung, dass ich bereits fertig war. Sie schaute mich an, als sei ich eine Mischung aus tierischem Unfallopfer und „Armes Bambi!".

„Das war nur Spaß", lächelte ich. „Ich meine, ich habe mit sechs wirklich gebetet, dass meine Haare nachwachsen, aber ich hasse Gott nicht oder so. Ich meine, ich weiß gar nicht genug über ihn, um ihn zu hassen. Und ich war auch noch nie in so einem Bibelkreis, und ich weiß nicht genau …" Audra wedelte mit der flachen Hand horizontal an ihrer Kehle herum – offenbar das Zeichen für mich, schnell zum Ende zu kommen. „Jedenfalls danke für das Arbeitsheft. Sieht interessant aus." Dieses Mal machte ich mich deutlicher verständlich und nickte meiner Nachbarin zu, dass sie jetzt offiziell an der Reihe war.

Ich schaute die junge Frau an, die jetzt sprach, und spürte, wie mir die Schamröte ins Gesicht stieg. Ich senkte den Blick und fing an, durch das „Du führst mich in die Freiheit"-Arbeitsheft zu blättern, das Fräulein Zahnpastalächeln mir geschenkt hatte.

Dann schaute ich Audra an, während ich mit den Tränen kämpfte. Sie lächelte mich an und formte mit den Lippen drei Worte, während die Unterhaltung der anderen ihren Lauf nahm: „*Bleiben – Sie – ruhig!*"

In der folgenden Woche war ich besser vorbereitet. Ich hatte meine illustrierte Bibel dabei und meine Hausaufgaben gemacht. Dazu hatte ich ganze vier Stunden gebraucht, weil ich keine Ahnung hatte, wo sich in der Bibel die jeweiligen Bücher befanden (genau genommen wusste ich noch nicht einmal, dass man sie „biblische Bücher" nannte). Wie sich herausstellte, würden wir alle diese Bibelstellen noch einmal durchgehen, also schaute ich immer wieder im Inhaltsverzeichnis nach und versuchte, den anderen hinterherzukommen, während alle anderen synchrones Bibelverse-Aufschlagen trainierten.

Einer der jungen Frauen fiel auf, dass ich Probleme dabei hatte, und sie erklärte mir, die Autorin des Bibelkurses sei berüchtigt dafür, dass sie bei ihren Ausführungen ständig in der Bibel hin und her springt. Die junge Frau meinte, selbst ihr fiele es manchmal schwer, die richtigen Seiten zu finden. Das beruhigte mich etwas, weil sie sowohl an ihren Ohrringen als auch an ihrer Kette jeweils ein Kreuz hatte.

Drei Kreuze! Das musste doch etwas zählen, oder?

Sie zeigte mir, dass sie in ihrer Bibel kleine Aufkleber hatte, auf denen die Namen der Bücher standen. Genial! So etwas brauchte ich auch. Was vermutlich bedeutete, dass ich doch in den Jesus-Laden gehen musste …

Mir fiel auf, dass meine Bibel mehr Bücher enthielt als die Bibeln der anderen, und sie erklärten, das läge daran, dass meine eine katholische Bibelausgabe war. Später am gleichen Abend rief ich noch meinen Vater an und erzählte ihm, dass ich in der Gruppe die meisten Bücher in meiner Bibel hatte. Ich glaube, da war er echt stolz auf mich.

Ich stelle mir vor, dass Gott es sehr genoss zu sehen, wie ich von einer Gruppe von Menschen geliebt und akzeptiert wurde, denen gegenüber ich mich als komplettes Gegenteil empfand. Irgendwann nahm ich all meinen Mut zusammen, ging in den Laden und kaufte mir eine Bibel speziell für Frauen mit einem bunten Bibelgriffregister. Die anderen jungen Frauen in der Gruppe freuten sich über meinen Lerneifer und feuerten mich an, wenn ich durch die Bibel blätterte. Sie hatten keine Ahnung, dass ich sonntagabends Bibelstellen-Aufschlagen übte, damit ich sie beeindrucken konnte.

Ich begann, Gott das Fiasko mit dem Topfhaarschnitt zu vergeben, und durch das Bibelstudium wurde er mir immer lieber. Mehrere Wochen später setzte sich eine warmherzige Frau mit mir hin und sprach einige Verhaltensmuster an, die sie in meinem Leben sah. Mein Atem beschleunigte sich und meine Augen brannten, als ich sagte, dass ich wohl nicht die Person werden würde, die sie sich erhoffte. Sie war gütig, aber überzeugend, und als ich in den nächsten Wochen meine Hausaufgaben machte, gewann ich das Gefühl, dass vielleicht doch etwas an diesem Jesus dran war, der versprach, bei mir zu bleiben. Nicht einmal mein damaliger fester Freund wollte mir das versprechen. Ich meine, wer in aller Welt fand schon, ich sei es wert, dass man bei mir blieb?

Beth Moore aus den Videos begeisterte mich. Für mich das Beste am ganzen Bibelkurs, denn sie gab mir das Gefühl, meine Vergangenheit müsse mich nicht überwältigen. Sie war ziemlich ehrlich und erklärte, sie habe selbst einige schlechte Entscheidungen getroffen. Das weckte in mir den Wunsch, Gott so zu lieben, wie sie es tat. Außerdem weckte sie in mir den Wunsch, tolle Jeans zu kaufen, aber das ist eine ganz andere Geschichte.

Monate später saß ich an einem regnerischen Abend in Nashville in meinem Auto und weinte, bis ich nichts mehr sehen konnte. Ich wusste, dass Jesus real war, und ich wusste, dass ich ihm meine Sünden bekennen und mein Leben anvertrauen musste. Nie werde ich den Geruch des frischen Regens vergessen und wie ich mich so richtig in Jesus verliebte.

> Nie werde ich den Geruch des frischen Regens vergessen und wie ich mich so richtig in Jesus verliebte.

Der Schambeseitiger, der menschgewordene Gott, der Lastenträger, der Liebhaber meiner Seele … der Eine, der auf den 17. Januar 2000 so wartete, wie nur ein Vater es kann: mit Vergebung und Gnade, wie ich sie noch nie erlebt hatte.

Noch heute berührt mich die Erinnerung an diesen Moment, als sei er gerade erst passiert. Er wusste, wer ich war und alles, was ich getan hatte. Er kannte alle Wege, die ich gegangen war. Und doch flüsterte er: *„All das spielt jetzt keine Rolle mehr …"*

Allerdings hasste ich mich dafür, es nicht früher erkannt zu haben. Ich schaute auf die letzten Jahre meines Lebens zurück, und Satan versuchte mir mit großem Vergnügen einzureden, dass ich immer das Mädchen mit der katholischen Bibel sein würde, auf dem Parkplatz im Auto, ohne religiösen Schmuck. Und ich glaubte ihm öfter, als ich eingestehen möchte.

Noch auf Jahre hin hätte ich in der letzten Reihe von anderen Bibelgruppen gesessen, hungrig nach Wissen, aber nicht nach der Gemeinschaft mit den anderen. Sie waren alle unglaublich nett, aber ich hatte das Gefühl, dass sie mich hassen würden, wenn sie die Wahrheit herausfänden.

Ich war eine Sünderin. Eine erbärmliche, hässliche, schmutzige, sündige junge Frau mit einer Vergangenheit, die zum Davonlaufen war.

Im Kopf wusste ich, dass das alles vergeben und aus der Welt geschafft war, dass Jesus mich reingewaschen hatte, doch mein Herz konnte es nicht begreifen. Ehrlich gesagt ist dieser Gedanke auch heute noch manchmal schwer für mich. Und ich glaube, damit stehe ich nicht allein da.

Es dauerte eine Weile, bis ich mich schließlich anderen Christen anvertrauen und ihnen von der Last erzählen konnte, die ich mit mir herumschleppte. Danach ging es mir besser. Es ist schwer, einen Fuß vor den anderen zu setzen und sich keine Vorwürfe wegen der eigenen Vergangenheit mehr zu machen.

Wir alle leben wohl mit dem Gefühl, dass etwas aus unserer Vergangenheit auftauchen und uns ruinieren könnte. Wir glauben, andere Menschen würden uns nicht mehr lieben, wenn sie wirklich wüssten, wer wir früher waren. Sie würden uns verurteilen und uns als jemanden betrachten, der es „gerade so geschafft" hat.

All dies entspricht nicht unbedingt der Wahrheit, doch das ändert nichts an unseren Gefühlen. Wahrscheinlich können wir uns alle an Momente in einer Gruppe erinnern, in denen wir uns nicht wirklich zugehörig fühlten. Ich bin überzeugt davon, dass der Feind unsere Erinnerungen und die Dinge, die wir bedauern, gegen uns verwendet und uns anklagt, wie oft wir Gott gegenüber versagt haben.

Das Evangelium der Gnade ist so einfach, dass es nur schwer zu glauben ist.

Was ist das für eine Logik? Einer leidet an meiner Stelle, und ich bekomme dafür eine weiße Weste und ein reines Herz? Ich werde mich hüten zu glauben, dass ich diesen Tausch verdient habe.

Ich weiß genau, womit ich ihm Kummer gemacht habe, und ich muss ihn beim Wort nehmen, wenn er sagt, dass er mir meine Sünden nicht vorhalten wird. Sie sind so weit von mir entfernt wie der Osten vom Westen.

Ich glaube, es würde Gott keine Ehre machen, wenn ich in allen Einzelheiten von meiner Vergangenheit erzählen würde. Ich möchte Ihnen aber sagen, dass Sie mit Ihrer Scham und Schande nicht allein sind. Es ist nicht wichtig, womit genau wir gesündigt haben. Wir alle haben Zeiten, in denen wir in unserer Sünde gefangen sind. Doch wir müssen die bewusste Entscheidung treffen, uns von diesen Situationen zu distanzieren. Meistens schauen wir aber später zurück, weil wir uns fragen, ob wir dort mehr hingehören als hier ins Land der Freiheit.

Lassen wir uns nicht von unserer Sünde auffressen. Lassen wir uns nicht einreden, etwas getan zu haben, das uns so sehr von Gott trennt, dass diese Trennung nicht durch Jesus überwunden werden könnte. In solchen Momenten geben wir leicht dem Gefühl nach, wir könnten ebenso gut einfach weitersündigen, weil wir sowieso nie gut sein werden. Dieses Schwarz-Weiß-Denken bringt uns keinen Schritt weiter, und am Ende wird uns das Gefängnis, das wir uns damit selbst bauen, die Hoffnung auf Rettung und Heilung zerstören, die wir doch durch Jesus Christus haben können.

Wie funktioniert also dieser Tanz der Gnade? Wie leben wir bewusst nach Gottes Willen, wenn unsere menschliche Natur doch so fehlerbehaftet ist?

Stellen Sie sich für den Rest des Kapitels einfach vor, ich hätte Sie zu mir nach Hause eingeladen. Suchen Sie sich ein bequemes Plätzchen und betrachten Sie mich als Freundin. Ich bin die Freundin, die Sie nicht verurteilt oder bedroht. Sie sind hier in Sicherheit, und ich wünsche mir, dass Sie nicht wieder gehen, bis Sie angefangen haben, das Gestern loszulassen. Vielleicht müssen Sie dazu dieses Kapitel mehrmals lesen.

> Natürlich kann ich Ihnen sagen, was die Wahrheit ist – aber es ist etwas ganz anderes, wenn Gottes Wort selbst Sie daran erinnern kann, dass unser Vater im Himmel auch zu Ihnen spricht.

Ich habe Ihnen von meinem Leben erzählt, und vielleicht sind Ihnen beim Lesen Gedanken an eine schwierige Zeit in Ihrem eigenen Leben gekommen. Ich weiß, wie schwer das ist, doch bitte geben Sie nicht auf. Bitten Sie Gott um seine Nähe und seinen Frieden. Bitten Sie ihn konkret darum, dass er den Feind fesselt und ihm keine Macht über jene Zeit lässt. Eine Bibel in der Nähe zu haben, wäre ebenfalls wichtig. Natürlich kann ich Ihnen sagen, was die Wahrheit ist – aber es ist etwas ganz anderes, wenn Gottes Wort selbst Sie daran erinnern kann, dass unser Vater im Himmel auch zu Ihnen spricht. Verbringen Sie so viel Zeit wie möglich mit Gott. Bekennen Sie ihm jede Sünde, an die Sie sich erinnern können. Vielleicht ist es etwas, das gerade erst passiert ist – oder vielleicht ist es etwas, das schon viele Jahre zurückliegt.

Vielleicht ist es eine Beziehung, in der Sie sich falsch verhalten haben. Vielleicht sind es falsche Entscheidungen, die Sie bezüglich Ihrer Sexualität, Ihres Umgangs mit Alkohol und Drogen oder Ihrer Integrität getroffen haben. Mit Sicherheit wird Ihnen nicht alles einfallen (und Gott sei Dank dafür!), doch bitten Sie Gott, Ihnen die Dinge in Erinnerung zu bringen, die Ihrer Beziehung zu ihm im Weg stehen. Als ich dies zum ersten Mal tat, fielen mir sofort zwei Situationen ein, in denen ich wirklich vom Kurs abgekommen war – einmal bevor und einmal nachdem ich zum Glauben an Jesus Christus gekommen war. Ich weiß, dass es noch vieles andere gegeben hätte, doch das waren die Situationen, an die mich Gott erinnerte. Ich trauerte über die versäumten Gelegenheiten, aber ich gab Satan nicht das Recht, mir einzureden, dass Gott diese Situationen nicht zu seiner Ehre gebrauchen konnte.

Das ist schwer zu glauben, oder?

Gott kann trotz unserer Fehler verherrlicht werden.

Gott kann die bitteren Wurzeln retten und etwas Wunderbares daraus hervorwachsen lassen. Doch zuerst müssen wir erkennen, was wir tun müssen, damit das geschehen kann. Christ zu sein heißt nicht, dass wir gedanklich alles tun dürfen, weil wir später ja um Vergebung bitten können. Vielmehr sollen wir jeden Augenblick unseres Lebens für den Einen geben, der sich daran freut, alles neu zu machen.

Früher machte es mir Angst, dass ich für meine Sünden zur Rechenschaft gezogen werde. Doch ich habe gelernt, Gott selbst in diesen Dingen zu vertrauen, denn ich weiß, dass er denen, die ihn lieben, alles zum Besten zusammenwirken lässt (Römer 8,28). Im ersten Moment mag das kein gutes Gefühl sein, doch das Ergebnis ist ein Leben in engerer Bindung an Jesus, und darin liegt unsere Heilung.

Das Schwerste ist manchmal nicht, die Schuld abzulegen und Jesus anzuvertrauen, sondern dem Drang zu widerstehen, sie immer wieder gedanklich durchzugehen. Ich bin überzeugt davon, dass es Gott nicht ehrt und dass auch nichts Gutes daraus entsteht, wenn wir unsere Sünde in Gedanken immer wieder durchspielen, nachdem wir Buße darüber getan und Gott um Vergebung gebeten haben. Statt mich mit aller Macht ändern zu wollen oder mir immer weiter Vorwürfe zu machen, tue ich in solchen Situationen etwas, das meiner Meinung nach viel wirksamer ist. Ich schreibe das sündige Verhaltensmuster auf, das ich in meinem Leben sehe, suche in der Bibel nach Stellen, in denen es um dieses Thema geht, und bitte Gott, dass er mir hilft, dieses Verhaltensmuster zu durchbrechen.

Römer 12,2 bestärkt mich in dieser Vorgehensweise: „Deshalb orientiert euch nicht am Verhalten und an den Gewohnheiten dieser Welt, sondern lasst euch von Gott durch Veränderung eurer Denkweise in neue Menschen verwandeln. Dann werdet ihr wissen, was Gott von euch will: Es ist das, was gut ist und ihn freut und seinem Willen vollkommen entspricht."

Wenn ich dann – nachdem ich mein Denken bewusst an der Wahrheit ausgerichtet habe – vor einer Entscheidung stehe, die mich normalerweise ins Stolpern bringen würde, lasse ich mir Gottes Wahrheit durch den Kopf gehen und denke darüber nach, was Gott für mich bereithält.

Gewappnet mit Gottes Wort bin ich bereit, mich gegen meine eigenen Schwächen zu verteidigen, und bitte Gott, in diesem Kampf für mich zu streiten.

Wir sollten unser Denken mit solchen Versen aus Gottes Wort füllen, die etwas zu den Versuchungen sagen, denen wir oft begegnen, und sie möglichst auswendig lernen. Es kann helfen, sie sich an den Spiegel oder neben die Haustür zu kleben, damit man sie sieht, bevor man aus dem Haus geht. Kleben Sie sich hilfreiche Bibelverse ins Auto, an die Innenseite der Kleiderschranktür, an die Bürowand oder neben das Telefon – wo auch immer Sie am meisten in der Versuchung stehen, sich in einer Art und Weise zu verhalten, die nicht

Gottes Maßstäben entspricht. Keiner von uns muss Gefangener der Sünde bleiben.

Gott freut sich an der Gnade, die uns weiß wie Schnee wäscht.

Weiß.

Wie.

Schnee.

❧❧❧❧❧❧

H e r r , es fällt uns schwer zu verstehen, womit wir die Liebe verdient haben, die über unsere Sünde hinausschauen kann. Wir stehen vor dir als die, denen ihre Sünde bewusst ist. Wir erwarten Steinwürfe, doch stattdessen empfangen wir Gnade. Wenn wir uns von dem Ort entfernen, an dem wir dir begegnet sind, dann hilf uns bitte, uns daran zu erinnern, dass wir hier sind, um deine Geschichte zu erzählen. Gib uns Kraft, damit wir unsere Vergangenheit in der Vergangenheit lassen und dir unsere Zukunft anvertrauen können. Hilf uns, über unsere Ängste und Unzulänglichkeiten hinauszuwachsen, und schicke Menschen in unser Leben, die uns mit ihrer Liebe helfen, deine Heilung anzunehmen. So wie für jene Frau vor vielen Jahrhunderten, zu der du dich hinabbeugtest, nicht um zu verurteilen, sondern zu überführen, bist du auch für uns unser größter Schatz. Hilf uns, den Unterschied zwischen Verurteilung und Überführung zu erkennen und im Licht deiner Liebe zu leben. Auch dann, wenn wir uns selbst nicht lieben. Lass dem Feind keine Macht über uns, wenn wir anfangen, uns wegen der Vergangenheit Vorwürfe zu machen. Bitte verhindere, dass wir meinen, Golgatha hätte nicht ausgereicht, um uns zu heilen. Herr, wir danken dir für deine große Gnade, die wir nicht verstehen können.

Die Angst, unbedeutend zu sein

Er würde bald sterben, und er wusste es.

Er versammelte seine Jünger um sich und bat sie eindringlich, sich an ihn zu erinnern, wenn er nicht mehr da war. Es muss ein ernüchternder Moment gewesen sein, als die Jünger darüber nachdachten, wie das Leben wohl ohne den Mann aussehen würde, den sie so lieb gewonnen hatten. Jesus brach das Brot mit den Menschen, mit denen er in den letzten drei Jahren sein Leben geteilt hatte. Sicher lag ihm bereits der bittere Geschmack des Todes auf der Zunge, als er aus dem Kelch trank.

Am Ende des letzten Abendessens, das Jesus mit seinen Jüngern hatte, entbrannte ein Streit unter den Jüngern. In allen Berichten über ihren Weg mit Jesus ist dies das einzige Mal, dass wir sie miteinander streiten sehen, und ich bin erschüttert über den Anlass ihres Streits. Stellen wir uns einmal vor, wir würden mit Jesus am Tisch sitzen, während er seine nahezu letzten Worte spricht und dabei bereits erwartet, verraten, verlassen und getötet zu werden. Ich kann mir vorstellen, dass ich genau das Wann, Wer und Wie wissen wollte. Wahrscheinlich würde ich ihn immer wieder danach fragen und dabei überlegen, wie ich ihn beschützen könnte; und ich würde alles in meiner Macht Stehende tun, um ihm zu zeigen, wie sehr ich ihn liebte.

> Die traurige Wahrheit ist, dass all die Liebe, die sie nach ihren menschlichen Möglichkeiten für Jesus empfinden konnten, nicht ausreichte, um aus eigener Kraft ihren Ängsten und ihrem Egoismus zu entkommen.

Sicher würde ich kaum etwas von dem Tisch essen können, in dem Wissen, dass sein Verräter ganz in der Nähe ist. Würde ich nicht etwas tun, um ihm meine Hingabe zu zeigen? Sicher würde ich anbieten, mein Leben für ihn zu geben, wenn das zulässig wäre.

Das alles würde ich doch tun, oder?

Zumindest würde ich das gern von mir behaupten können.

Ich wette, den Jüngern erging es nicht anders. Die traurige Wahrheit ist aber, dass all die Liebe, die sie nach ihren menschlichen Möglichkeiten für Jesus empfinden konnten, nicht ausreichte, um aus eigener Kraft ihren Ängsten und ihrem Egoismus zu entkommen. In nur wenigen Stunden würde man Jesus gefangen nehmen, schlagen und mit ausgestreckten Armen aufhängen. Mit seinem Tod würde er die Strafe für ihre und unsere Sünde auf sich nehmen.

Wie gern würde ich glauben, dass ich die Größe des Augenblicks begriffen hätte; dass ich das Brot nur mit Gedanken an ihn gebrochen hätte und in meinen eigenen Augen selbst klein gewesen wäre.

Stattdessen stritten sich die Jünger.

Doch sie äußerten damit keine Wut über seinen Tod, und sie stritten sich auch nicht darüber, wie sie ihm dienen konnten. Was sie in jenem kritischen Augenblick wissen wollten, war:

Wer ist der Größte unter uns?

Wer ist dein Lieblingsjünger, Jesus? Wer bin ich in deinen Augen?

Der Kelch geht herum und sie trinken den Wein. Doch statt seine Güte zu schmecken, streiten sie über ihre eigene Angst davor, unbedeutend zu sein.

Wenn ich durch das Lukasevangelium blättere, wird mir klar, dass dies eine entscheidende Szene für die Jünger ist. Vor meinem inneren Auge sehe ich Jesus auf dem Platz, der rechtmäßig ein Thron sein müsste. Ich kann mir kaum vorstellen, dass ich in diesem Moment an mich gedacht hätte.

Doch wie bei den Jüngern gewinnt auch bei mir manchmal meine Angst die Oberhand. So beunruhigt ich auch seinetwegen sein mag, ich bin in Wahrheit gar nicht anders als die Jünger. In den hintersten Winkeln meines Herzens und viel häufiger, als ich zugeben mag, habe ich Jesus die gleiche Frage gestellt:

Bin ich wichtig, Herr? Bin ich dir wichtig?

Und in jenen Momenten flüstert Jesus mir das Gleiche zu wie den Jüngern vor so vielen Jahrhunderten, die gleiche Frage, die den Kern meiner Angst anspricht.

Wer ist größer?

ᐧᐧᐧ

Ich weiß nicht, ob es Ihnen wie mir geht, aber jeden Abend, wenn ich ins Bett gehe, führe ich das gleiche Selbstgespräch, und es beginnt mit diesen vier Worten: „Habe ich genug getan?" Bevor ich mich versehe, verheddere ich mich in Erinnerungen an den Tag: von dem Kopfnicken statt Worten im Umgang mit meinen Kindern, über das Geschirr, das sich im Abwaschbecken stapelt, bis zu den Anrufen, die ich vergessen habe, und so weiter. Ich quäle mich mit Dingen, die ich bedauere, und entschuldige mich bei Gott (und oft bei anderen) für meine Unzulänglichkeiten. Ich will nicht, dass der Tag von Fehlern belastet ist. Und trotzdem bekomme ich leicht das Gefühl, als hätte ich den ganzen Tag über nichts getan, das wirklich wichtig war.

Es ist ein ständiger Balanceakt, und im Endeffekt wünsche ich mir nichts weiter, als jeden Tag mit dem Gefühl zu beschließen, dass ich gewusst und getan habe, wozu ich auf dieser Erde bin. Als Schriftstellerin sehe ich mein Leben als eine Reihe von Seiten, alle zerrissen und zu einem Stapel zusammengeheftet – in der Hoffnung, dass es mehr bemerkenswerte Tage gab als solche, die es nicht waren. Wenn ich einen Schritt zurücktrete, erkenne ich schnell, warum die Seiten scheinbar unwichtig sind: Es sind nur Schmierereien auf einer Seite, die das Potenzial hatte, wunderschön zu werden.

In den meisten Fällen verbringe ich viel Zeit mit Gedanken daran, was ich gern mit den Kindern gemacht *hätte*, was ich in meiner Stillen Zeit mit Gott tun *wollte*, was ich *hätte* erreichen können, wenn ich mich nur zusammengerissen *hätte*. Und dieses Bild der zerfledderten Seiten, die doch voller guter Absichten und so verheißungsvoll begonnen hatten, kann mich noch bis spät in die Nacht verfolgen. Irgendwann lege ich das alles dann Gott in die Hände und bitte ihn, mit dem zu arbeiten, was ich gegeben habe, und den nächsten Tag besser zu machen.

Ich kann Ihnen gar nicht sagen, in wie vielen Nächten ich mich die dunkle Treppe hinaufgeschlichen und die Tür zum Zimmer meiner Kinder einen spaltweit geöffnet habe, um sie schlafen zu sehen. Ihre verschwitzten kleinen Köpfe und tiefen Atemzüge erinnern mich an die heilige Verantwortung, die mir als Mutter anvertraut wurde, und ich möchte eine gute Mutter sein.

> Es ist so leicht, der Stimme zu glauben, die uns sagt, dass wir noch besser hätten sein können.

Ich glaube, dass ich viele Berufungen im Leben habe, doch die größte davon ist, meine Kinder als Hirtin zu lehren, Gott trotz meiner Schwächen zu lieben und ihm zu dienen.

Es ist so leicht, der Stimme zu glauben, die uns sagt, dass wir noch besser hätten sein können. Sie kennen diese Stimme doch auch, oder? Es ist die Stimme, die uns an die andere Mutter erinnert, die wir kennen – diese Mutter aus der Spielgruppe oder in der Gemeinde, die ihren Kindern gegenüber *nie* laut wird, die nie ins Bett gehen würde, wenn im Abwaschbecken noch ein Stapel schmutziges Geschirr von einem Abendessen steht, das wieder einmal nur aus Cornflakes bestand. Kommt Ihnen das bekannt vor? Ich für meinen Teil lasse mich manchmal so sehr von diesen Selbstzweifeln beeinflussen, dass ich fast nicht mehr in Angriff nehmen kann, was ich jeweils zu tun habe. Für manche Momente könnte ich wohl eine Goldmedaille bekommen – kurze Augenblicke eines Tages, in denen ich das Gefühl habe, den Nagel auf den Kopf getroffen zu haben. Doch viele, viele andere Momente möchte ich streichen, neu schreiben oder ganz ausradieren. Die Waage schwankt ständig – manchmal zu meinen Gunsten, manchmal nicht.

Ich habe sehr lange gebraucht, um zu durchschauen, was dieses negative Denken mit meinem Selbstvertrauen macht und wie es sich auf die verschiedenen Rollen auswirkt, die ich spiele. Vor Kurzem ertappte ich mich wieder einmal bei diesem Denkmuster und überlegte, was dem wohl zugrunde lag. Nachdem ich viele Jahre und Schichten entfernt hatte, blieb eine Variation der Worte übrig, mit denen ich dieses Kapitel begonnen habe: „Bin ich *genug?*"

Wir möchten in dieser Welt eine Bedeutung haben. Wir wollen für unsere Gaben Anerkennung ernten und wünschen uns Bestätigung dafür, dass wir einen Einfluss auf unsere Umgebung gehabt haben. Unser Leben schreit nach Aufmerksamkeit, und wir fühlen uns zutiefst unzulänglich, wenn wir nicht beachtet werden. Doch ich wage zu behaupten, dass unser Hauptproblem gar nicht darin liegt, welchen Beitrag wir objektiv in der Gesellschaft leisten oder auch was wir bei den Menschen in unserem Umfeld bewirken.

Das viel größere Problem ist, wer in unserem „Publikum" in der ersten Reihe sitzt.

Stellen wir uns einmal vor, es wäre der Premierenabend meines großen Theaterstücks und ich dürfte jeden einladen, der kommen und mich sehen soll. Weil ich so viel Zeit in die Vorbereitung gesteckt habe und wirklich das Gefühl habe, etwas Bedeutendes zu tun, möchte ich Menschen dabeihaben, deren Urteil mir wichtig ist. Ganz verschiedene Menschen sollen im Publikum sitzen: die Kinder, die mir sagten, ich sei zu dumm, um eine Rolle im Theaterstück zu bekommen – und meine Eltern, die mich zu allen Proben brachten und mich mit ihnen als Zuschauer üben ließen. Es würde auch nicht schaden, den Leiter des örtlichen Fernsehsenders dazuhaben, denn was, wenn das mein großer Durchbruch ist? Außerdem sollte ich meine Freunde einladen, denn sie werden an allen Stellen lachen, die lustig rüberkommen sollen. Wen noch? Ich weiß: das Mädchen, das meine Rolle wollte, sie aber nicht bekam. Dann kann sie sehen, warum man mich ihr vorgezogen hat, und sie wird mich beneiden, und das wird mich größer machen, oder?

Sehen Sie, worauf ich hinauswill?

Für wen stehen Sie auf der Bühne?

Ich glaube, ich habe noch keinen Menschen getroffen, der ehrlich behaupten konnte, dass ihm die Meinung anderer Menschen immer ganz gleichgültig war. Vielleicht gab es Situationen, in denen ihnen die Reaktion der anderen nicht wichtig war, doch offenbar ist keiner ganz immun. Wir reden, arbeiten, erziehen, beraten, lehren oder machen sonst irgendetwas – doch während wir unsere Aufgaben wie mechanisch erledigen, können wir die ängstliche Frage *„Bin ich wichtig?"* nicht zum Schweigen bringen.

Es ist nicht falsch, sich ein Leben zu wünschen, das von Bedeutung ist. Wenn wir diesen Wunsch für Gottes Königreich und seine Ehre einsetzen, kann dies auch ein gottgemäßes Ziel sein. Doch ich glaube, wir wählen oft fälschlicherweise Menschen und irdische Dinge als Messlatte für unseren Fortschritt. Bin ich eine so gute Tänzerin wie sie? Habe ich die bessere Arbeit geschrieben? Habe ich effektiver gearbeitet, war ich liebenswerter, bin ich intelligenter? Habe ich genügt?

Wir fallen der irrigen Meinung zum Opfer, unser Ziel bestünde darin, von unseren Nachbarn, unseren Kunden oder unserem Ehepartner anerkannt zu werden. Sicher ist es ein schönes Gefühl, wenn wir den Menschen in unserem Umfeld wichtig sind. Doch wenn wir sie als Barometer dafür gebrauchen, wie wir im Leben dastehen, stoßen wir unweigerlich auf einige große Hindernisse, die alle zu Sünde und Verzweiflung führen können.

Das erste Hindernis ist, dass unsere Mitmenschen ebenso fehlerbehaftet sind wie wir und uns nicht objektiv beurteilen können. Sie haben vielleicht Einblicke in das, was sie an unserem Verhalten sehen, doch nur Gott kennt unser Herz und jeden Atemzug, den wir tun. Suchen wir die Sicherheit und Bestätigung, die wir bei dem Gott finden sollen, der uns erschaffen hat, bei anderen Menschen, dann geben

> Entweder plustern wir uns mit unserem Sieg auf oder wir brechen unter der Niederlage zusammen. Beides prägt unser Selbstbild nicht in einer Weise, die Gott Ehre macht.

wir Gott nicht die Ehre, die ihm zusteht. Außerdem machen wir damit im Grunde unsere Hoffnung und unser Wohlbefinden von Menschen abhängig, die am Ende ebenso sündig sind wie wir.

Das zweite Hindernis ist, dass wir uns automatisch in eine Vergleichssituation bringen, und daraus entsteht ein Konkurrenzdenken, das zu einem falschen Selbstbild führt, weil immer der „Gewinner"-Aspekt im Spiel ist: Entweder plustern wir uns mit unserem Sieg auf oder wir brechen unter der Niederlage zusammen. Beides prägt unser Selbstbild nicht in einer Weise, die Gott Ehre macht. Gott wird am meisten verherrlicht, wenn wir uns ihm unterordnen und uns von ihm ins Bild Christi umgestalten lassen. Nur mit Jesus, dem vollkommenen Inbegriff eines bedeutungsvollen Lebens, können wir uns angemessen vergleichen. Moment mal – heißt das, dass wir ständig mit gesenktem Kopf herumlaufen sollen, weil wir seinem Maßstab von Perfektion niemals gerecht werden können? Nein; genau das Gegenteil ist der Fall. Indem wir uns mit Jesus vergleichen, schlagen wir den besten Weg ein, doch wir können auch ganz ruhig werden, weil wir wissen, dass wir voller Vertrauen unsere Rettung von ihm erwarten können. Wir sind versiegelt in der Verheißung, dass Gott sein Werk, uns ihm immer ähnlicher zu machen, vollenden wird.

Der Wunsch, von Bedeutung zu sein, ist von Gott in uns hineingelegt, wohl mit der Absicht, in uns die Sehnsucht zu wecken, uns von ihm gebrauchen zu lassen. Durch Gespräche mit verschiedenen Frauen über dieses Thema sowie beim Nachdenken darüber, was mich zurückhält, bin ich zu dem Schluss gelangt, dass wir deswegen so selten unseren Selbstwert von Gott erwarten, weil wir im praktischen Alltag „auf der Bühne" manchmal den Eindruck haben, dass Gott derjenige ist, der hinten im Zuschauerraum sitzt und sich Notizen macht, aber nie applaudiert.

Ist das ein zutreffendes Bild von Gott? Nein, natürlich nicht.

Ich weiß noch, wie ich zum ersten Mal den Bibelvers hörte, in dem es heißt, dass Gott weiß, wie viele Haare ich auf dem Kopf habe. Ich dachte nicht, dass ihm das unmöglich wäre – es erschien mir nur unwahrscheinlich, dass ihm so etwas wichtig ist. Für mich war es viel einleuchtender, dass er weiß, wie viele Sandkörner am Strand liegen, als dass er alle meine Haare gezählt hat. Und dass er meine Tränen in einem Gefäß sammelt? Warum? Warum sollten ihn meine Tränen kümmern? Er hat viel Wichtigeres zu tun, als sich darum zu scheren, dass ich weine. Es fiel (fällt?) mir schwer, mir vorzustellen, dass ich für Gott wirklich von Bedeutung war.

Als ich den letzten Satz geschrieben hatte, starrte ich auf meinen Computerbildschirm und war versucht, ihn wieder zu löschen und etwas Geistlicheres zu sagen – denn natürlich weiß ich sehr wohl, dass die Bibel mir sagt, dass ich von Bedeutung bin. Ich habe mindestens elf Lieder auswendig gelernt, die die gleiche Aussage haben.

Aber glaube ich es?

Und noch viel wichtiger: *Lebe* ich es?

Oder ist es nicht wahrscheinlicher, dass ich Jesus zu meinem dummen Premierenabend nicht einmal eingeladen hätte, weil ich denke, dass er sowieso ins Konzerthaus in der Innenstadt geht oder gerade mit Plänen für jemand viel Wichtigeren als mich beschäftigt ist?

Da gebe ich ihm ehrlich gesagt lieber erst gar keine Gelegenheit, mich zu vergessen.

Ich denke, in gewisser Hinsicht erwarten wir unsere Bestätigung von anderen Menschen, weil … nun, weil wir sie sehen können.

Ich möchte beachtenswert sein. Ich wünsche mir, für jemanden höchste Priorität zu haben. Ich möchte mich geschätzt und respektiert fühlen. Ich möchte glauben, dass ich mit meinem Leben etwas Gutes angefangen habe. Aber was, wenn Gott das alles überhaupt nicht interessiert?

Wenn Sie mir versprechen, sie nicht gegen mich zu verwenden, möchte ich Ihnen jetzt eine wahre Geschichte erzählen. Denn Sie wissen ja – was Sie von mir halten, ist für mich enorm wichtig.

Als ich in der Junior High School war, lud mich eine Freundin ein, am Sonntag mit ihr und ihrer Familie in die Kirche zu gehen. Ich willigte ein, denn sie sagte mir, es gäbe Kinderbowle und selbst gebackene Plätzchen.

Fürs Protokoll: Es gab keins von beiden.

Ich ertrug die wahrscheinlich längste Predigt der Menschheitsgeschichte (oder wenigstens die längste Predigt meines bisherigen Lebens) und konzentrierte mich die ganze Zeit über auf die 150 Jahre alte Frau in der ersten Reihe, weil ich überzeugt war, dass sie mitten in der Predigt gestorben war. Irgendwann allerdings gab sie einen grunzenden Laut von sich und setzte sich aufrecht hin, während sie ihre Zunge geräuschvoll im Mund hin und her schob.

Ich war unglaublich erleichtert. Ich meine, wer würde schon auf einem türkisfarbenen Stuhlkissen sterben wollen? Ich nicht, liebe Freunde. *Ich nicht.*

> **Weil wir Gott wichtig sind. Darum geht es in Johannes 3,16.**

Dass ich von dem, was der Pastor erzählte, nicht viel hörte, muss ich wohl nicht extra erwähnen. Auf dem Heimweg hörte ich aber dem Gespräch der anderen zu, und es faszinierte mich. An einem Punkt bat ich die Mutter meiner Freundin, mir zu erklären, was sie gerade gesagt hatte, und sie erwiderte: „Weil wir Gott wichtig sind, Angie. Darum geht es in Johannes 3,16."

Ich erinnere mich noch an den Geruch von Leder in ihrem Volvo-Kombi. Ich nickte ihr vom Rücksitz aus zu und beobachtete ihre Augen im Rückspiegel, während sie überlegte, ob ich nur bluffte.

Natürlich bluffte ich.

Ich hatte keine Ahnung, wovon sie sprach, aber in der folgenden Woche stellte ich einige Recherchen an. Und – typisch Streber, der ich bin – ich lernte vor dem nächsten Sonntag den ganzen Vers auswendig, damit ich sie mit meinem hervorragenden Bibelwissen beeindrucken konnte. Ich bin ein Theaterfreak, Sie erinnern sich? „Auswendiglernen" ist mein zweiter Vorname.

Ich bin mir ziemlich sicher, dass alle von meiner Rezitation dieses Goldstücks von Wahrheit hingerissen waren, und betrachtete die Sache als vollen Erfolg.

Bis wir in der Einfahrt vor meinem Elternhaus hielten und sie sich zu mir umdrehte. „Weißt du auch, was das *bedeutet*, Angie?"

„Mmmhmm. Ja. Auf jeden Fall." Ich streckte die Hand nach dem Türgriff aus, und mein Gesicht wurde immer röter, als mir bewusst wurde, dass ich auf die unausweichliche Folgefrage nicht vorbereitet war.

„Gut. Ich glaube, es ist sehr wichtig, dass du weißt, dass Jesus für dich gestorben ist." Sie lächelte und nickte, wie um mich zu entlassen.

Ich war schon dabei auszusteigen, doch dieser Gedanke war so verblüffend für mich, dass ich die Tür wieder schloss und sie bat, den letzten Teil zu erklären. Das tat sie auch, und ich erinnere mich noch genau, wie ich auf dem Rücksitz in dem warmen Auto saß und einen meiner ersten tiefen theologischen Gedanken hatte: *Das ist das Lächerlichste, was ich in meinem ganzen Leben gehört habe, gute Frau.*

Natürlich sagte ich das nicht laut. Ich gab einfach weiter eifrig zustimmende Geräusche von mir und nickte so heftig, als würde mir gleich der Kopf abfallen. Offenbar war diese Frau noch verrückter, als ich gedacht hatte, und ich sollte schleunigst zur Haustür kommen.

Ich denke nicht, dass ich noch irgendetwas von Bedeutung zu ihr sagte; aber später am Abend, nach dem Abendessen und nachdem der Tisch abgeräumt war, erzählte ich meinen Eltern von der kleinen Unterhaltung.

Ich stand sogar auf und rezitierte meinen neuen Bibelvers, als wäre ich eine Oscar-Kandidatin. Soweit ich mich erinnere, gab es heftigen Applaus und es herrschte großer Stolz auf meine neue Fähigkeit.

Der Text war großartig für einen dramatischen Monolog geeignet, das stand fest. Ob er allerdings *wahr* war – das war eine andere Geschichte. Und ob er *für mich* wahr war, das stand völlig außer Frage.

„Ist das nicht verrückt?", fragte ich meinen Vater, weil er der klügste Mensch war, den ich kannte. Sicher würde er mir beipflichten und mir sagen, dass ich nie wieder im Volvo der ewigen Errettung mitfahren müsste.

„Welcher Teil davon ist für dich verrückt, Angela?"
Hmm, ich hab da eine Idee. Alles davon?, dachte ich.

Wie Sie sich inzwischen vielleicht denken können, mag ich gute Fragen. Und als ich über die Frage meines Vaters nachdachte, war ich überrascht. Ich wusste nicht, ob es einen Mann gegeben hatte, der wirklich der Sohn Gottes war. Vielleicht. Hätte er von einer Jungfrau geboren werden können, die ihn in einem Stall zur Welt brachte und in eine Futterkrippe legte? Wahrscheinlich schon. Und die ganzen Wunder und all das? Sicher, das war möglich. Seth Manillo hatte sich erst vor wenigen Tagen beim Mittagessen eine ganze Hühnerpastete in den Mund geschoben, und das war auch ziemlich unwahrscheinlich gewesen. Ich hatte bei einem Mathetest gut abgeschnitten, was ungefähr so wahrscheinlich war wie ein Sechser im Lotto, ohne einen Lottoschein gekauft zu haben. Diese Möglichkeit erschien mir also auch nicht ganz so abwegig.

Na gut – abwegig schon, aber nicht unmöglich.

Ich meine, wenn es Jesus wirklich gab, gab es auch keinen Grund, warum diese Dinge nicht hätten passieren sollen. Und der Gedanke, dass jemand für einen anderen Menschen sterben würde? Na klar. Wenn mein Vater sehen würde, wie jemand auf meine Mutter schoss, würde er sich, ohne nachzudenken, zwischen sie und die Kugel stellen. Das war also auch nicht ganz ausgeschlossen.

> Der Kern des Problems ist das Gefühl, dass ich nicht bedeutend genug bin, als dass die Dornen, die seine Haut aufrissen, und das Leid, das er ertrug, während sich der Himmel über Golgatha verfinsterte, mir gelten könnten.

Ich hatte meinem Vater immer noch nicht geantwortet, also murmelte ich, was ich dachte, und mir dämmerte, dass ich diese lächerliche Geschichte tatsächlich glauben konnte. Ich würde sogar noch einmal meinen Boykott gegen diese kleine Kirche überdenken, wenn sie in zwei oder drei Liter Kinderbowle investieren würden.

Das war nicht das Problem an der ganzen Geschichte mit Gott. Genau genommen war *er* gar nicht mein Problem. Ich glaubte, dass er all das tun konnte. Ich konnte nur nicht glauben, dass er es *für mich* tun würde.

Der Kern des Problems ist das Gefühl, dass ich nicht bedeutend genug bin, als dass die Dornen, die seine Haut aufrissen, und das

Leid, das er ertrug, während sich der Himmel über Golgatha verfinsterte, mir gelten könnten.

Warum?

Weil ich nie etwas getan habe, womit ich mir eine solche Liebe hätte verdienen können.

Und wissen Sie, was Gott darauf antworten würde?

Mein Kind, du hattest noch nie in deinem Leben so recht.

Ich mache meinen Wert von Leistungsbeurteilungen und dem Benehmen meiner Kinder abhängig. Von meiner Position auf der Karriere- und Finanzleiter. Und so werde ich garantiert den Eindruck gewinnen, dass ich es nicht wert bin.

Und wissen Sie, was Gott dazu sagt?

Bis hierher und nicht weiter.

Als ich als Zwölfjährige meinem Vater am Tisch gegenübersaß, wurde mir klar, dass ich nicht genau wusste, ob ich an einen Gott glauben konnte, der sich für *mich* entscheiden würde.

Über die Jahre hinweg musste ich mich immer wieder gegen diesen Zweifel zur Wehr setzen, und ich würde gern sagen, dass ich inzwischen darüber hinweg bin. Manchmal ist es leichter, manchmal schwerer; doch ich muss gestehen: Immer ist meine Definition davon, was mich wertvoll macht, im Spiel – doch Gott definiert Wert ganz anders.

Darum machen wir so gern „Tabula rasa"; darum lieben wir Neujahrsvorsätze, den Anfang eines neuen Semesters und das Mondlicht, das auf dem Gesicht unserer schlafenden Kinder spielt.

Denn dann haben wir das Gefühl, dass wir immer noch eine Chance haben, Spuren in der Welt zu hinterlassen.

Erik Erikson, ein bekannter Psychologe, untersuchte die Phasen des Lebens und erstellte ein Schema der verschiedenen Stufen, die ein Mensch dabei durchläuft. Er war der Überzeugung, dass wir gegen Ende unseres Lebens anfangen darüber nachzudenken, was wir mit unserer Lebenszeit angefangen haben, und das Fazit ist entweder Integrität oder Verzweiflung. Nach seiner Definition bestand Integrität darin, dass wir zufrieden zurückschauen können und mit dem tiefen Gefühl erfüllt sind, dass unser Leben einen Sinn hatte und wir etwas bewirkt haben. Verzweiflung hingegen sei das Gefühl, dass wir im Rückblick hauptsächlich unser Versagen sehen und die Dinge, die wir bereuen; über unserem Mangel an „Erfolg" können wir dann leicht in Depressionen verfallen.

Das Gefühl der Bedeutungslosigkeit ist deswegen ein so großes Problem für uns, weil wir sicher sein wollen, dass wir den Plan für unser Leben ausleben und unserer Berufung gefolgt sind. Wir wollen glauben, dass diese Erde, wenn wir sie wieder verlassen, durch uns ein besserer Ort geworden ist. Wir können uns an dem Gedanken festbeißen, dass wir mehr hätten tun können oder gar nicht das getan haben, was wir hätten tun sollen. Beim Blick auf die Seiten unseres Lebens können wir zu dem Schluss gelangen, dass das Buch, an dem wir so hart gearbeitet haben, ein Riesenflop war. Die Bestsellerlisten der Welt sind uns egal – wir wollen nur wissen, dass jemand, *irgendjemand*, sich die Zeit genommen hat, es zu lesen.

Und dann sehe ich den Mann, der meine Sünde auf sich nahm und Schmerzen für mich litt.

Für *mich*.

Je mehr ich das begreifen kann, umso mehr kann ich mein Leben als Mensch führen, der sich danach sehnt, seinem Namen große Ehre zu machen. Dieser einzige Gedanke reicht für mich aus, um den Blick auf etwas zu richten, das mir vielleicht noch nie so aufgefallen ist: Mein Jesus sitzt weit hinten im Zuschauerraum, schaut mir zu und freut sich am Spiel des Mädchens, das ihm sagte, es würde niemals an den Text des Stückes glauben.

Und während sie für all die vielen Menschen spielt, sieht er ihren tiefen Wunsch, anerkannt und bestätigt zu werden. Und als wenig später der Vorhang fällt, hält er sich nicht bei den Zeilen auf, die sie vergessen hat, oder wie sie durch die Szene gestolpert ist.

Er wird nur die nächste Zeile lesen, mit Liebe in der Stimme, als er ihr zuflüstert, dass nur sie es hören kann: *„Gut gemacht, meine gute und treue Dienerin … gut gemacht …"*

⋄⋖⋗⋄⋖⋗⋄

Wie oft haben wir mit Jesus am Tisch gesessen und uns gefragt, wer wir in seinen Augen sind? Und wie viele Tage haben wir damit zugebracht, uns mit den Menschen in unserem Umfeld zu vergleichen? Und wie verzweifelt haben wir uns gewünscht, als besser angesehen zu werden, weil wir davon überzeugt sind, dass dies der Maßstab für unseren Wert ist?

Es tut mir gut zu wissen, dass die Jünger selbst in Jesu greifbarer Gegenwart die gleichen oder ähnliche Gedanken hatten wie ich. Es war nicht so, dass sie ihn nicht liebten – soweit wir wissen, liebten sie ihn, sosehr sie konnten. Doch in unserer hedonistischen Welt, in der sich alles nur um „mich, mich, mich" dreht, können wir oft gar nicht anders, als unseren Platz zu behaupten, wo wir nur können. Und wer könnte uns besser für würdig erklären als Jesus selbst?

> Wie oft haben wir mit Jesus am Tisch gesessen und uns gefragt, wer wir in seinen Augen sind?

So sitzen wir am Tisch und schauen die anderen mit Blicken an, die voller Konkurrenz und Eifersucht sind. Wir glauben fälschlicherweise, dass wir mit ihnen im Wettbewerb um die Zuneigung unseres Retters und das Lob unserer Mitmenschen stehen.

Jesus kommt mit seiner Antwort gleich zum Kern des Problems – und bei diesen Worten spüre ich, wie meine Seele nach der Freiheit greift, die er denen versprochen hat, die ihrer wahren Berufung nachgehen.

„In dieser Welt beherrschen die Könige und Großen ihre Untertanen und werden doch als Wohltäter bezeichnet. Unter euch aber soll der Größte den niedrigsten Platz einnehmen und der Leiter soll wie ein Diener sein. Normalerweise sitzt der Meister am Tisch und wird von seinen Dienern bedient. Hier ist es anders! Denn ich bin euer Diener" (Lukas 22,25-27).

Die „Wohltäter" sind diejenigen, die ein gewisses Maß an Macht haben und dafür verantwortlich sind, Land und Ähnliches an die Soldaten zu verteilen. Sie wurden demjenigen gegenüber, dem sie diese

Dinge zusprachen, als übergeordnet betrachtet. Jesus sagt ganz deutlich, dass wir keine solchen Wohltäter sein sollen, die andere niederhalten, sondern vielmehr Diener, die sich selbst als unbedeutend betrachten.

Wer versuche ich zu sein?

Gott selbst entschied sich dazu, Diener zu sein, und er will, dass wir das im Lauf des Lebens nicht aus den Augen verlieren. Wir lassen uns so leicht einreden, dass der Platz an der Stirnseite des Tisches uns Bedeutung verleiht und uns das Gefühl vermittelt, etwas erreicht zu haben. Außerdem ist es *tatsächlich* durchaus möglich – und sogar wahrscheinlich –, dass unsere Nachbarn und Kollegen uns nach der Sitzordnung beurteilen. Das Rampenlicht nimmt uns so gefangen, dass wir den Blick unseres Retters nicht bemerken, der sich auf die Frau mit den Händen im Seifenwasser konzentriert.

Sie wird von den Menschen in ihrem Umfeld nicht wertgeschätzt. Vielleicht betrachten sie sie sogar in vielerlei Hinsicht als ihnen untergeordnet. Doch statt dagegen anzukämpfen und sich und ihr Selbstwertgefühl zu behaupten, beugt sie sich tiefer und tiefer, bis sie kaum noch zu sehen ist. Und dort, zu Füßen des Guten Hirten, freut sie sich an dem Wissen, dass ihre Liebe des Königs der Welt würdig ist. Wir hingegen sind müde geworden bei unseren Versuchen, Menschen zu beeindrucken, und gehen mit dem Gefühl der Leere fort, das zeigt, wie hohl unsere Absichten waren.

Ich bin dieser Dienerin von Jesus Christus hinter vielen Gesichtern begegnet und habe mich an dem Frieden der Menschen gefreut, denen egal ist, wo sie sitzen. Wenn die Tage vergehen und sich das Geschirr stapelt, könnte ich dann diejenige sein, die sich die Schürze umbindet und die Meinung der anderen ignoriert? Ich bete darum, für Sie und für mich.

In unserer Bedeutungslosigkeit sind wir von großer Bedeutung, da uns nichts anderes übrig bleibt, als den Glauben eines Kindes und das Herz eines Dieners zu haben. Und lassen Sie sich versichern, dass Sie auf eine Art und Weise geliebt sind, die sich von jeder anderen Liebe unterscheidet, die Sie hier auf dieser Erde kennen. Es ist die Liebe eines Mannes, der die Gelegenheit hatte, vor den Augen der Welt von seiner bedeutenden Position Gebrauch zu machen, und stattdessen genau das tat, wozu er uns ruft.

Dienen, opfern, lieben.

Sodass wir dadurch zu seiner Ehre groß gemacht werden.

❧❦❧❦❧

Va t e r, ich möchte dich zuerst um Verzeihung bitten für alle Situationen, in denen ich in diesem Bereich falsch gehandelt und gedacht habe. Ich will mich nicht so sehr von meiner eigenen Definition von Wichtigkeit einnehmen lassen, dass ich die Gelegenheit versäume, dir zu dienen. Bitte hilf mir, meinen Blick von denen abzuwenden, die sich in ihrer Persönlichkeit von den Definitionen der Welt abhängig machen, und hilf mir, mich daran zu freuen, dass ich dir wertvoll genug war, um mich zu erschaffen. Wir alle sehnen uns danach, von dir gebraucht zu werden und den Vorstellungen von Erfolg, die die Welt hat, eine Absage zu erteilen, doch das ist schwer. Bitte erinnere uns täglich daran, dass du weißt, was es heißt, ein Diener zu sein und sich dem Willen des Vaters unterzuordnen. Herr, bitte beuge uns die Knie, wenn wir uns weigern. Danke, dass du uns in deiner Liebe ins Leben gerufen hast, und danke für deine Gnade, die unsere Sünde zudeckt.

Die Angst vor Gottes Plan
für das Leben

❀❀❀❀❀❀

„Der Herr schickte Jona ... folgende Botschaft: ‚Mach dich auf den Weg und geh in die große Stadt Ninive!'" (Jona 1,1-2).

Ninive.

Weitläufig am Ostufer des Tigris gelegen, war diese Stadt ein Zentrum des Wohlstands und des Ungehorsams. Die ausschweifende assyrische Kultur hatte kaum Zeit, sich um die Warnung vor der Zerstörung zu kümmern, denn man war viel zu sehr damit beschäftigt, das gute Leben zu genießen. Ich stelle mir vor, wie sie in Juwelen und Genusssucht schwelgten, während sie Gott ins Gesicht lachten.

Jona hatte offenbar den gleichen Eindruck.

> Wir wissen, was passiert, wenn wir Gottes Berufung ignorieren, um das zu verfolgen, was wir für einen besseren Plan halten.

Als Gott ihm also auftrug, die Bewohner Ninives auf ihre Bosheit aufmerksam zu machen, wehrte er sich. Möglicherweise hatte er Angst, doch wahrscheinlich wollte er gar nicht, dass sie umkehren. Seinetwegen konnten die Leute von Ninive in ihrem eigenen Dreck umkommen, während es den Menschen, die mit demütigem Herzen Gott dienten, gut gehen würde.

Offenbar stimmte Jona Gottes Gedanken über Ninive nicht zu, denn trotz der ausdrücklichen Anweisungen, die er erhalten hatte, prägt ein winzig kleines (vielleicht merkt Gott es ja gar nicht!) Wort den Rest seines Lebens:

Aber ...

Wusste er nicht genau, wohin er gehen sollte? Doch.

Wusste er, warum er dorthin gehen sollte? Ja.

Ist es möglich, dass er mehr auf seinen eigenen als auf Gottes Plan vertraute?

Ich glaube, wir alle kennen die Antwort auf diese Frage, und wir wissen auch, was passiert, wenn wir Gottes Berufung ignorieren, um das zu verfolgen, was wir für einen besseren Plan halten.

Wenn wir Glück haben, werden wir verschluckt.

ᘓᘍᘓᘍᘓᘍᘓ

Ich wollte nicht auf diesem Friedhof sein, geschweige denn zusehen, wie man sie in die Erde legte.

Meine Tochter.

Sie hatte zwei Stunden außerhalb meines Körpers gelebt. Das war mehr Zeit, als wir erwartet hatten, mit ihr zu bekommen. Und doch, trotz aller flehentlichen Bitten an Gott, sie zu heilen, standen wir hier, in Schwarz gekleidet, unter einem wolkenlosen Himmel und hörten zu, wie unser Pastor über ihren Tod sprach. Ihren Tod.

Mit immer noch dickem Bauch legte ich den Kopf auf Todds Schulter und spürte, wie die Sonne in meinem Gesicht brannte. Ich hatte um schönes Wetter gebetet, und in gewisser Weise war ich erleichtert. Andererseits war ich wütend, dass die Sonne sich die Freiheit nahm, Licht auf diesen Ort zu werfen, wo die Schatten tanzten.

Was für ein scheußliches Chaos.

Ich hätte ja gesagt, dass ich Gott vertraute, aber als ich in das neunzig Zentimeter lange Erdloch starrte, das man für mein Baby frisch ausgehoben hatte, fragte ich mich, ob ich nicht eine Närrin aus mir gemacht hatte.

Mir war schwindlig in der Hitze, und ich versuchte verzweifelt zu begreifen, dass ich sie nicht wiedersehen würde. Ich würde nie ihre Stimme hören, ich wusste noch nicht einmal, welche Augenfarbe sie hatte. Ich gab sie an den Gott ab, der sie dazu bestimmt hatte, mein Kind zu sein. Dabei gehörte sie mir gar nicht.

Es gab Momente, in denen Gott alles hätte ändern können. Ich weiß noch, wie ich auf die Lampen im Operationssaal starrte, während die Ärzte meine Tochter untersuchten. Ich wartete und glaubte, dass sie trotzdem gesund sein konnte – trotz der vielen Monate und der vielen Tests, die wir hinter uns hatten.

Ich gab diese Hoffnung nicht auf, aber hier im hellen Sonnenschein, unter dem das Gras verwelkte und so viele Tränen flossen, musste ich der Realität ins Gesicht sehen.

Mein Plan war nicht Gottes Plan.

Und ganz offen gestanden, gefiel mir mein Plan viel besser.

Es sollte nicht das letzte Mal sein, dass ich hier ein Baby begraben sah. Im folgenden Monat, nachdem mein Neffe im Schlaf gestorben war, versammelten wir uns wieder und flehten um Gottes Erbarmen, während seine Verheißungen uns mehr wie Wunschdenken erschienen als wie garantierte Zusagen.

Wir ließen Luftballons steigen und schauten ihnen nach, bis sie so klein waren, dass wir uns nur noch mit viel Fantasie vorstellen konnten, was diese Punkte am Himmel waren. Ich wollte meinen Ballon nicht loslassen, weil es schwer war zu sehen, wie die Ballons verschwanden. Am Ende ließ ich doch los. Am Ende lassen wir alle los.

Ich würde lügen, wenn ich behaupten würde, ich hätte nie an Gott gezweifelt. Ich glaube auch nicht, dass er mir deswegen böse war. Wie hätte ich als Mutter und Tante nach diesen zwei Tagen noch glauben sollen, dass er alles im Griff hat und ich mich nicht zu fürchten brauche?

Wir sagen es in vielen schönen Variationen und nicken dabei mitfühlend, wenn wir jenen uralten Satz zitieren, der uns eher Frieden als Verwirrung bringen sollte:

„Seine Wege sind nicht unsere Wege …"

Auf einer Karte im Laden sieht der Spruch gut aus, aber auf einem Friedhof klingt er hohl.

Die Sonne brannte unerbittlich auf mich nieder, während ich mich fragte, wie ich wohl an diesen Ort zurückkehren würde, an dem der Tod gewann. Selbst heute noch habe ich eine Abneigung dagegen, wenn ich daran denke, was hätte sein können. Wer kann uns schon

Vorwürfe dafür machen, dass wir uns in unserer menschlichen Liebe verfangen, wenn wir über die Verluste trauern, die zu diesem Leben gehören? Wir sind dazu geschaffen zu lieben … und wenn unsere Arme in einer verzweifelten Umarmung in die Luft greifen, sehen wir, dass alles nur ein Nebel war.

Einige von uns bleiben dann mit nagelneuen schwarzen Kleidern und einem weiteren Stapel von Fragen an Gott zurück.

Aber vielleicht war es für Sie kein schwarzes Kleid. Vielleicht haben Sie sich schon immer nach einem weißen Kleid gesehnt, doch trotz jahrelangem, ernstlichem Gebet und Vertrauen auf Gott sind Sie allein geblieben. Sie kochen das Essen für sich allein, während im Hintergrund die Fernsehnachrichten laufen und Sie sich fragen, warum Gott Ihnen nicht das Leben geschenkt hat, von dem Sie geträumt haben. Sie gehen in den Gottesdienst, doch als der Mann vor Ihnen den Arm um seine Frau legt, können Sie nicht anders, als sich zu fragen, ob Gottes Segen nach der fünften Reihe aufgebraucht ist.

> Sie gehen in den Gottesdienst, doch als der Mann vor Ihnen den Arm um seine Frau legt, können Sie nicht anders, als sich zu fragen, ob Gottes Segen nach der fünften Reihe aufgebraucht ist.

Oder vielleicht sind Sie jene Ehefrau, und während sein Arm um Sie gelegt ist, würden Sie am liebsten aus der Kirche stürmen und allen ins Gesicht schreien, dass er Sie betrogen hat. Sie haben die Briefe an eine Frau gefunden, deren Gesicht Sie nicht zu sehen brauchen, um zu wissen, dass sie schöner ist, als Sie je sein können. Sie lassen zu, dass er Sie in den Arm nimmt, weil die anderen Sie beobachten und noch ein Weilchen glauben sollen, alles sei in Ordnung. Doch tief drinnen wissen Sie, dass Sie töricht waren zu glauben, dass es je funktionieren könnte.

Und was ist mit jener Frau? Die Frau, die sich immer vorgestellt hatte, sie könnte selbst eines Tages verheiratet sein? Doch dann wurde sie zur Geliebten eines Mannes, wachte eines Tages mit dem Gesicht unter der heißen Dusche auf und fragte sich, wie sie sich in diese Situation manövriert hatte. Sie liebte Gott, seit sie denken konnte. Sie war als Tochter eines Mannes aufgewachsen, der ihr ständig sagte, sie könne nichts richtig machen, und der Gürtel, der ihre Haut schlug, widersprach ihm nie. Sie erinnert sich an das stechende Gefühl des Leders auf ihrer Haut, das im Vergleich zu den Worten, die er zu ihr sagte, verblasste – und noch mehr im Vergleich dazu, wie sehr sie ihm glaubte.

Sie war die letzte in einer Reihe ungewollter Töchter, und während das heiße Wasser schmerzhaft auf ihre Haut prasselt, bezweifelt sie, dass es einen Gott gibt, der sie aus diesem Leben retten würde.

Ich kenne eine Frau, die seit über zwanzig Jahren für ein eigenes Kind betet. Die Jahre vergehen, im Mülleimer häufen sich die Schwangerschaftstests, und inzwischen empfindet sie nur noch Verachtung für ihr eigenes Spiegelbild. Sie fühlt sich wie eine Versagerin und will wissen, warum eine Frau, die nur fünf Kilometer von ihr entfernt wohnte, ihr Kind vorsätzlich im überhitzten Auto sterben ließ.

Die Sonne scheint gnadenlos in die Lücken unseres eigenen Lebens und auf den scheinbaren Überfluss aller anderen. Wir schwanken zwischen Hilflosigkeit und Wut, während wir in das frische Grab starren, in seine Augen, auf ihre Jugend, in das leere Kinderbettchen, das leere Bett und das Gesicht im Spiegel, das ganz hohl vor Angst ist.

Seine Wege sind nicht unsere Wege.

Das glaube ich. Aber es gefällt mir nicht immer.

Vielleicht geht es Ihnen ähnlich. Vielleicht gehen Sie nicht einmal in die Kirche, weil Sie Gott aufgegeben haben. Sie schauen die Nachrichten und zweifeln an dem, der hinter all dem Chaos steht. Sie haben so viel Finsternis gesehen, dass Sie das Licht ignorieren, und Sie verlassen sich lieber auf sich selbst als auf den Gott, der tatenlos zugesehen hat, wie das alles geschah.

Oder vielleicht geht es Ihnen wie mir.

Ich glaube uneingeschränkt, von ganzem Herzen und verrückterweise, dass Gott gut ist.

Ich habe nur nicht immer das Gefühl, dass er zu *mir* gut ist.

Ich stehe wenige Meter entfernt von einem Wunderbaby, einer geretteten Ehe, einem Sieg über eine Krankheit und freue mich an Gottes Licht und Glanz. Und wiederum ducke ich mich aus Angst vor seinen Plänen für mich und schlüpfe oft absichtlich unter seinen Händen durch, damit ich die Sache im Griff behalte.

Es ist ein hässliches Gefühl zu meinen, dass der Rest der Welt Gottes Gunst genießt und man selbst nur taunasses Gras unter sich und die Wut neben sich hat.

Ich verdiene etwas Besseres.

Ich habe das alles nicht verdient.

Ich verdiene eine Chance.

Ich verdiene, was sie hat.

Ich verdiene gar nichts.

Ich verdiene ein Leben, das aus mehr besteht als Krankenhausessen und mitternächtlichen Gebeten.

Warum beachtet er mich nicht und hilft mir nicht? Im Leben der anderen kann er so viel tun, doch für mich sind seine Arme zu kurz.

Kennen Sie dieses Gefühl? Hatten Sie jemals Angst, Gottes Plan für Sie ganz zu vertrauen, ohne Netz und doppelten Boden?

Ich schon.

Ich wünsche mir diese Liebe, die sagt: *Es ist mir egal, was passiert, solange du bei mir bist.*

Ich möchte mit Gott leben und nichts weiter – in der tiefen Zuversicht, dass er nur mein Bestes will. Doch hier im Schweigen ist es so still, und öfter, als ich zugeben mag, fürchte ich, dass mein Leben ein Chaos aus unzähligen „Plan B's" ist.

> Ich habe auch Probleme zu verstehen, wie Gott zusehen konnte, dass man seinem eigenen Sohn eine Dornenkrone auf den Kopf drückte.

Und unter alldem bohrt jene Stimme, die mich verzweifeln lassen will: *Ich hätte das besser gekonnt, Herr.*

Ich will nicht behaupten, ich wüsste, warum Gott all das Leid zulässt. Ich kann Dutzende Bibelverse darüber lesen, doch tief in meinem Inneren schmerzt es trotzdem. Ich habe Probleme zu verstehen, wie ein liebender Gott zulassen kann, dass ein dreijähriges Mädchen einen Blumenkranz auf den Sarg ihrer Mutter legt.

Ich habe auch Probleme zu verstehen, wie Gott zusehen konnte, dass man seinem eigenen Sohn eine Dornenkrone auf den Kopf drückte.

„Aus alldem wird etwas Gutes entstehen", flüstere ich in den leeren Raum hinein und kann es selbst kaum glauben. Ich frage mich, ob es Ihnen auch schon einmal so ergangen ist.

Ich bin versucht, Ihnen Bibelstellen aufzuzählen oder Ratschläge zu geben oder die Lösung, die Ihnen Frieden bringen wird – aber manchmal höre ich selbst nicht auf all das.

Haben wir das Recht, wütend über die Tragödien und Ungerechtigkeiten der Welt zu sein? Sollen wir die Faust gegen Gott ballen und ihm sagen, dass er alles verpfuscht hat? Vielleicht sollten wir ihn ganz aufgeben. Oder unsere Vergangenheit für unsere heutige Situation verantwortlich machen, für unsere Ängste, unsere Unwürdigkeit, unser Versagen. Einen Gott anklagen, der etwas Besseres mit seiner Zeit anzufangen hatte, als sich darum zu kümmern, Ihnen einen Ehemann zu suchen oder meine Tochter zu heilen.

Seine Wege sind nicht unsere Wege …

Und doch sagen wir ihm jeden Tag, mal weniger, mal mehr, dass wir einen besseren Weg haben.

Wir manipulieren alles, was wir in die Hände bekommen können, und lassen uns dazu verführen zu meinen, er habe uns vergessen. Statt unsere Mitmenschen zu lieben, lieben wir eher, was sie haben und was sie nicht durchmachen müssen. Wir versteifen uns darauf, die Ausnahme von der Regel der Liebe und Gnade zu sein. Und mit unserem Groll schlagen wir Jesus immer wieder ans Kreuz.

Überall in der Bibel finden wir Geschichten von Menschen, die meinten, sie hätten eine bessere Lösung als die, die Gott ihnen anbot. Beim Lesen dieser Geschichten fällt aber auf, dass Gott nicht jedes Mal gleich reagiert. Menschen, die ihm ihre Sache mit dem echten Wunsch vorbringen, seinen Willen zu tun, konnten sein Handeln beeinflussen.

Als Abraham zum Beispiel Gott für eine Stadt bittet, die der Sünde und dem Ungehorsam verfallen war, „verhandelt" er mit ihm über die Anzahl der gerechten Menschen, die sich in der Stadt befinden müssen, damit Gott sie verschont. In ihrem Gespräch sehen wir immer wieder, dass Abraham sich vor Gott demütigt: „Ich habe es gewagt, mit dem Herrn zu sprechen, obwohl ich nur ein sterblicher Mensch bin" (1. Mose 18,27), oder: „... Herr, bitte werde nicht zornig" (1. Mose 18,32). Abraham wollte, dass Gott seine Pläne ändert, von denen er Abraham erzählt hatte – doch es ist auch unzweifelhaft klar, dass Abraham wusste, wer Gott ist und wer nicht. Abraham erkannte in jenem Moment, was ich in meinem Leben so oft nicht erkenne.

Ich habe durchaus das Recht, Gott um sein Eingreifen zu bitten, wenn es mit seinem Willen übereinstimmt. Doch ich muss mich ihm demütig unterordnen und anerkennen, dass das Endergebnis eventuell nicht so aussieht, wie ich es mir wünsche. Die schöne, schwierige Liebe zwischen unserem Retter und uns wird der Welt deutlich vor Augen geführt, wenn wir diese hochachtungsvolle Einstellung beibehalten. Wenn wir Gott in den dunklen Zeiten des Lebens vertrauen, kann er ein wunderschönes Bild daraus malen.

Immerhin ging es Jesus genauso.

Die Stunden vergingen im Garten und sein Blut vermischte sich mit Schweiß. Er wusste, dass man ihn bald kreuzigen würde. Drei Mal bat er seinen Vater, den Kelch an ihm vorübergehen zu lassen – wenn es sein Wille wäre. Selbst im Angesicht des Todes erkannte Jesus die Souveränität Gottes an und beugte sich ihr mit den Worten: „Doch ich will deinen Willen tun, nicht meinen" (Lukas 22,42).

Für die meisten von uns ist die Situation nicht ganz so dramatisch. Doch wir alle sind dazu aufgerufen, das Gleiche zu sagen – ganz gleich, wie unbedeutend die Umstände sein mögen. Vielleicht stecken Sie momentan gar nicht in einer Krise, aber Sie haben trotzdem Gelegenheit, im Alltag Ihren Glauben zu trainieren. Es mag seltsam klingen, aber es ist tröstlich und stärkend, wenn wir in unserem Leben bewusst Gottes Willen suchen. Wir müssen nicht erst am Ende unserer Kräfte sein, um nach Gott zu rufen. Es kann sogar sein, dass wir Gottes Führung in einer Situation gar nicht erkennen, wenn wir uns nicht schon vorher von ihm abhängig gemacht haben.

Wie wäre es, wenn wir Gott bewusst in unseren Alltag einbeziehen und uns nicht erst in der Not an ihn wenden?

Eine Frau fragte mich einmal, ob es dumm wäre, wenn sie dafür betet, dass es ein bestimmtes Spielzeug für ihren Sohn einmal im Angebot gibt. Sie erklärte, sie fühlte sich lächerlich dabei, um etwas so Triviales zu bitten, wo es doch so viele andere wichtige Dinge in dieser Welt gibt. Wir lachten gemeinsam, als wir uns nach unseren menschlichen Vorstellungen ausmalten, wie Gott im Multitasking-Verfahren mehrere Dinge gleichzeitig erledigt. Dann sprachen wir darüber, dass Gott sich wünscht, auch in das ganz Banale einbezogen zu werden.

Als Christen können wir auf den Rest der Welt lächerlich wirken, wenn wir sagen, wir haben „für den richtigen Parkplatz" gebetet oder „Gott gebeten, uns rechtzeitig hinzubringen". Und es klingt auch dumm, wenn man es mit den schweren Problemen vergleicht, die wir selbst oder unsere Mitmenschen haben. Ich will ganz sicher nicht behaupten, Gott sei ein automatischer Gebetsbeantworter, der uns alles gibt, was wir wollen. Vielmehr möchte ich uns ermutigen, ihn in unseren Alltag einzubeziehen. Sprechen wir doch mit ihm, während wir Wäsche waschen, mit den Kindern spielen oder im Fußballstadion sitzen. Bleiben wir in ständiger Gemeinschaft mit ihm, damit wir in schweren Zeiten eine Beziehung zu ihm haben – anstatt Beschwerden an ihn.

> Bleiben wir in ständiger Gemeinschaft mit ihm, damit wir in schweren Zeiten eine Beziehung zu ihm haben – anstatt Beschwerden an ihn.

Viele Menschen (ich selbst auch) kennen Zeiten, in denen sie sich von Gott getrennt fühlen und darum kämpfen, seine Stimme mitten im Chaos des Lebens zu hören. Ich wünsche mir ein Leben mit Gott, das mir erlaubt, bei ihm zur Ruhe zu kommen. Nichts weiter. Bei Gott zur Ruhe kommen. Täglich, stündlich, jeden Augenblick – nicht nur in den

Krisen. Ein solches Leben entsteht nur, wenn wir Gott bewusst, von ganzem Herzen und hingegeben lieben und uns darum bemühen, ihn besser kennenzulernen. Dann können wir uns, wenn alles Kopf steht, ihm wie einem guten Freund anvertrauen und nicht wie einem weit entfernten, viel zu beschäftigten oder desinteressierten Gott.

Je näher wir uns bei Gott halten, umso mehr werden sich unsere Entscheidungen auf unerklärliche Weise zum Guten verändern. Wir werden feststellen, dass wir uns danach sehnen, im Einklang mit seinem Willen zu leben, und unsere Gebete gewinnen eine ganz neue Intensität. Wir schöpfen aus der Quelle alles Guten, wenn wir unsere Ziele mit seinen Plänen in Übereinstimmung bringen.

So unglaublich es uns auch manchmal erscheinen mag: Gott hat sich nicht gerade einen Tag freigenommen und uns in einer verrückten, außer Kontrolle geratenen Welt uns selbst überlassen. Ich weiß nicht, warum meine Tochter sterben musste, und ich bezweifle, dass ich es auf dieser Erde je vollends erfahren werde. Ich habe winzige Funken des Guten gesehen, das aus ihrem Leben entstanden ist, doch ihr Verlust schmerzt trotzdem. Ich versuche, Gottes Willen zu suchen, und mache mich bei allem, was ich nicht verstehe, ganz klein. Gott ist mir in meiner Trauer begegnet und seine Gegenwart war mir wertvoll, auch wenn ich nicht verstanden habe, warum er all das zugelassen hat. Gewiss stehen wir in der Versuchung zu meinen, Gott habe uns im Stich gelassen, wenn das Leben um uns herum zusammenbricht. Wir können dieser Versuchung nachgeben und zu dem Schluss gelangen, dass Gott unserer Not kalt und gefühllos gegenübersteht. In Wirklichkeit aber, wenn wir unser Leben in einer Beziehung zu ihm führen, wissen wir es besser. Das ist kein naives Vertrauen, das dem gesunden Menschenverstand spottet, sondern vielmehr die bleibende Liebe, die daraus entsteht, dass wir den Gott des Universums gut kennen.

Den ganzen Tag über, ganz gleich in welcher Situation, flüstere ich immer wieder: „Herr, hilf mir", oder: „Herr, führe mich." Ich bitte ihn um sein Reden, und seine Gegenwart bringt mich dazu, ihn immer mehr zu suchen. Es ist nicht kompliziert, doch wir versäumen viele Gelegenheiten, uns mit seiner Weisheit füllen zu lassen, wenn wir uns auf unsere begrenzte Erkenntnis verlassen.

Ich möchte ganz und gar mit Gottes Willen im Einklang und im Frieden sein. Darum bitte ich ihn bei jeder Gelegenheit. Sie können das auch.

Selbst wenn unsere Absichten gut sind, gelingt es uns manchmal nicht, Gottes Willen zu verstehen und zu gehorchen. Manchmal haben wir bei den falschen Dingen das Gefühl, sie seien richtig. Oder vielleicht hören wir ihn reden, doch wir rechtfertigen unser Handeln, indem wir so tun, als wüssten wir etwas, das er nicht weiß. In unserer seligen Rebellion marschieren wir nach Westen, wenn Gott „Nach Osten" sagt.

Und er tut, was jeder gute Vater tun würde.

Mit zärtlicher Liebe, wie wir sie uns kaum vorstellen können, erinnert er uns an jenen dunklen Ort vor vielen Jahren, wo ein Mann im Bauch eines Fisches saß und glauben lernte, dass Gottes Liebe sich in seinem Plan für ihn zeigte.

⚜⚜⚜⚜

Das Wort *schicken* taucht im Buch Jona an mehreren Stellen auf. Unter anderem sehen wir es, als Gott einen großen Fisch (vielleicht einen Wal) „schickte" (in anderen Bibelübersetzungen heißt es „entsandte" oder „ließ kommen"), um Jona zu verschlucken.

Als Kind hatte ich leider keine Flanelltafel, aber wenn ich eine gehabt hätte, hätte ich den Fisch wahrscheinlich in der Geschichte als Gegenspieler dargestellt. Ich stelle ihn mir aufgebracht und blutrünstig vor, wie er den armen Jona hinunterschlingt. Es dauerte viele Jahre (und ich bekam trotzdem keine Flanelltafel!), bis ich erkannte, was Gott in dieser Geschichte tatsächlich tat:

Er *schickte* den Fisch. Nicht um Jona Schaden zuzufügen, sondern um ihn zu *retten*.

Gott kannte Jonas Herz, also tat er etwas Drastisches, Episches – etwas, das fürs bloße Auge wie eine Tragödie aussieht – und gebrauchte es zu seiner Ehre.

Jonas Worte sind in ihrer Einfachheit sehr tiefgründig: „Ich bin aus deiner Gegenwart fortgetrieben. *Dennoch* werde ich deinen heiligen Tempel wiedersehen können" (Jona 2,5; eigene Hervorhebung).

Ich wünsche mir ein Leben im „Dennoch". Sie auch?

In meinem Leben habe ich Hindernisse schon oft als feindliche Widrigkeiten betrachtet. Im Rückblick sehe ich allerdings, dass sie von Gott in seiner Barmherzigkeit geschickt worden waren. Wir können nicht allen Schmerz im Leben übertünchen, auf einen Haufen

> Nur, wenn unser Ich immer wieder stirbt, können wir Vertrauen lernen – und manchmal sieht der Weg dahin verdächtig nach dem Inneren eines Fisches aus.

werfen und sagen: „So, alles in Ordnung. Jetzt werde ich nie wieder traurig oder verwirrt über Gottes Willen für mich sein." Nur, wenn unser Ich immer wieder stirbt, können wir Vertrauen lernen – und manchmal sieht der Weg dahin verdächtig nach dem Inneren eines Fisches aus.

Dennoch …

Jona war ein Mensch und stand in der gleichen Versuchung wie wir alle, wieder in Ungehorsam abzugleiten. Trotz seiner gewandten Rede und seinem letztendlichen Gehorsam, nach Ninive zu gehen, hatte er immer noch Schwierigkeiten, als ihn zum zweiten Mal eine Frage Gottes erreichte. Jona war immer noch frustriert darüber, dass die Bewohner Ninives Buße getan hatten. Er erklärte Gott mehr oder weniger, dass er über seine Barmherzigkeit für diese bösen Menschen wütend war.

Moment mal.

Bitte *was*?

Jona, hast du nicht gerade noch im Inneren eines riesigen Fisches gesessen und Gott gesagt, wie groß seine Barmherzigkeit ist? Und jetzt bist du wütend und sagst Gott, dass du genau davor Angst hattest – so als würdest du deinen ursprünglichen Ungehorsam jetzt gerechtfertigt sehen?

Jona beschließt seine Tirade mit dem bekannten „Lieber wäre ich tot"-Trick, um der Sache noch einen dramatischen Anstrich zu geben. Dann wartet er darauf, dass Gott auf seinen pubertären Wutanfall reagiert.

Ich würde ja lachen, wenn ich nicht im gleichen Boot säße wie Jona.

Gottes Antwort ist eine Frage, mit der auch ich immer dann konfrontiert bin, wenn ich mich von meiner Wut beherrschen lasse und meine, ich wüsste es besser als Gott.

„Ist es recht, dass du deshalb zornig bist?" (Jona 4,4).

Ups.

Ich war mir eigentlich schon ziemlich sicher, dass ich im Recht war …

Jona verließ die Stadt (ich stelle mir vor, dass er wutschnaubend abzog, doch das mag an meinen heimlichen Flanelltafel-Fantasien liegen) und landete östlich der Stadt in einem Unterstand, den er sich baute, damit er nicht in der heißen Sonne sitzen musste. Jona hatte die Sache selbst in die Hand genommen, und kurz nach seinem Abgang schlug er sein Lager an einem Platz auf, von dem aus er ganz Tarsis überblicken konnte, damit er sehen konnte, was mit Ninive geschah.

Ich glaube, ich habe den gleichen Unterstand selbst mehr als einmal in meinem Leben aufgebaut.

Siehst du mich, Gott? Es geht mir gut. Ich habe mir meine eigene kleine Welt geschaffen und kann dir von hier aus, wo ich alles im Griff habe, bei der Arbeit zuschauen. Vergib ruhig allen dort, da du ja offenbar keinen Wunsch nach Gerechtigkeit hast. Ich meine, diese Leute waren dir ungehorsam. Sie sollten den Preis dafür bezahlen! Ich kann nicht einfach untätig herumsitzen und zuschauen, wie diese Verbrecher Barmherzigkeit von dir erhalten. Das ist zu viel!

Und dieser Gnade verschenkende Gott kann nicht anders, als Jona noch eine Lektion zu erteilen, bevor die Geschichte vorbei ist.

Die Sonne brennt auf ihn herab wie auf einem Friedhof oder an einem klaren Frühlingstag. Und Gott „schickt" einen Rizinusstrauch, um Jona zu schützen. Jona freut sich über den kühlen Schatten und ist dankbar für Gottes Versorgung – und wir sehen, wie der Tanz sich fortsetzt. Jona ist glücklich im Schatten … bis zum folgenden Tag, an dem Gott einen Wurm schickt, der den Strauch attackiert und zerstört, sodass Jona wieder unter der Hitze leidet. Dann schickt Gott einen sengend heißen Wind, und Jona jammert wieder, dass der Tod besser wäre als dieses Leben.

Ist das alles für Gott ein Spiel? Will er einfach nur sehen, wie wir darauf reagieren? Nein, natürlich nicht. Gott will, dass wir seine Frage beantworten: „Ist es richtig von dir, wegen des Rizinusstrauchs so zornig zu sein?" (Jona 4,9).

Er lässt sich von unserer Wut nicht beeindrucken, nicht wahr? Und warum nicht?

Weil er uns an unseren rechtmäßigen Platz erinnern will. Er weiß, dass er unser fehlgeleitetes, fehlerhaftes, walfischgroßes Anspruchsdenken und unseren Kontrollzwang offenlegen muss.

Gott liebt meine Tochter Audrey mehr als ich.

Er hat sie mir geschickt.

Er hat den Wal geschickt, den Rizinusstrauch, den Wurm, den Wind, den Atem im Körper meiner Tochter.

Nicht, um mir zu schaden, sondern wegen seiner ungezügelten Gnade.

Bitte lesen Sie meine Worte nicht als abgedroschene Phrasen, sondern als Worte einer Frau, die vom Schmerz des Todes getroffen wurde. Ich wünsche mir auch heute immer noch, meine Tochter wäre am Leben und würde in ihrem Zimmer schlafen. Ich wünschte, die Geschichte wäre anders verlaufen. Doch bevor ich mir einbilde, eine Erklärung zu verdienen, muss ich mich daran erinnern, dass der, der den Rizinusstrauch verwelken ließ, der Gleiche war, der ihn überhaupt erschuf und leben ließ.

Und wenn mir die Sonne in den Augen brennt und der Wind mich in den Zweifel treibt, fasse ich den Entschluss, Gott bewusst zu loben.

Der Ort, an dem ich dies tue, ist zu dunkel, um irgendetwas anderes als allein Gott zu sehen. Er ist zu still, um irgendetwas anderes als den Klang meines Lobes zu hören. „*Dennoch werde ich deinen heiligen Tempel wiedersehen können …*"

Und wie der Vogel, der nur im Dunkeln singen lernen kann, will ich der Stimme meines Meisters folgen, die mich drängt, im Glauben und Vertrauen zu leben, ganz gleich, was der Rest der Welt tut.

> Und wie der Vogel, der nur im Dunkeln singen lernen kann, will ich der Stimme meines Meisters folgen, die mich drängt, im Glauben und Vertrauen zu leben, ganz gleich, was der Rest der Welt tut.

Und dort, im Land der Verheißung, werde ich meine müden Glieder ausruhen können und keine Angst mehr vor seiner Hand auf mir haben.

Ich will glauben – trotz des Rizinusstrauches, den ich nicht unter Kontrolle habe. Denn ich vertraue dem Schöpfer, der mir gesagt hat, dass ich mehr wert bin als ein Sperling. Denn er hat mich genug geliebt, um mich zu retten, als ich dachte, ich würde das Tageslicht nie wieder sehen.

Denn seine Wege ... na, Sie wissen schon ...
Sind nicht unsere Wege.

∞∞∞∞∞

Va t e r , hilf uns zu glauben, dass du der Urheber und Vollender unseres Lebens bist. Wir wollen nicht aus dem Zweifel heraus reagieren, und wir wollen nicht in selbst erbauten Hütten leben. Wir wollen deine Stimme hören, ihr gehorsam folgen und dankbar für das sein, was du uns geschickt hast. Sei bitte bei jedem von uns, wenn wir uns im Bauch eines Fisches wiederfinden, uns mehr als alles andere Freiheit wünschen und in der Versuchung stehen, zu verzweifeln. Was wir als unmöglich betrachten, ist nichts anderes als eine Gelegenheit, zu dir zurückzukehren und dir Ehre zu bringen. Danke für deine Barmherzigkeit und Geduld, denn wir versagen immer wieder, weil wir meinen, wir hätten einen besseren Weg. Womit haben wir einen Gott verdient, der so freigebig mit seiner Liebe umgeht? Bitte hilf uns, jeden Tag deinen Willen zu suchen und ihn höher zu achten als unseren. Bitte hilf uns, niemals dich zu vergessen, den Gott, der sowohl Sonne als auch Schatten schickt.

Die Angst, dass Gott nicht real ist

❧❧❧❧❧❧

Sie waren noch ganz aus dem Häuschen über das Wirken des Meisters. Noch wenigen Stunden zuvor hatte die Lage ganz aussichtslos ausgesehen, doch jetzt kamen sie zusammen und staunten ehrfürchtig über das, was er getan hatte. Vielleicht erzählte jeder die Geschichte noch einmal aus seiner eigenen Perspektive, als sie sich gemeinsam daran erinnerten, wie er für Nahrung für all die Menschen gesorgt hatte.

„Es waren nur fünf Brote! Ich habe es selbst gesehen!"

„Und zwei Fische. Das war's. Und schau nur, was er getan hat! Ich wusste, dass *er* es ist."

Fünftausend Menschen hatten von dieser mageren Ausbeute gegessen, und die Jünger hatten gesehen, wie das Wunder seinen Lauf nahm. Sicher sonnten sie sich auch im Glanz von Jesu Göttlichkeit. Doch sie hatten nicht viel Zeit zur Erinnerung, denn Jesus sagte ihnen, sie sollten schon einmal vorausfahren, damit er Zeit fürs Gespräch mit seinem Vater hatte. Sie gehorchten und stiegen in ein Boot, während er noch die letzten Menschen verabschiedete.

Gegen drei Uhr morgens waren die Jünger schon weit von dem Ort entfernt, an dem sie Jesus vermuteten. In dem Moment sahen sie einen Mann auf dem Wasser gehen, der immer näher zu ihnen kam. Die Jünger bekamen schreckliche Angst und glaubten, es sei ein Geist. Sofort beruhigte Jesus sie: „Ich bin es! Habt keine Angst" (Matthäus 14,27).

Ich glaube, es ist kein Zufall, dass diese Begebenheit sich direkt nach einem Wunder von Jesus ereignete. Sie ist eine wunderbare Erinnerung daran, dass selbst diejenigen, die an der Seite von Jesus leben, schnell seine Macht vergessen, wenn sich Angst bei ihnen einschleicht.

Ich stelle mir vor, wie das Boot vielleicht von den Wellen hin- und hergeworfen wird und der Mond kaum Licht auf den Mann wirft, der auf sie zukommt. Plötzlich ist Petrus' Stimme zu hören: „Herr, wenn du es wirklich bist, befiehl mir, auf dem Wasser zu dir zu kommen" (Matthäus 14,28).

Wenn?

Er hatte ihnen doch gerade gesagt, wer er ist. Und eigentlich sollten sie ihn mittlerweile an seiner Stimme erkennen! Doch dieses Mal war es anders. Es ging nicht um ein krankes Mädchen oder Menschen, die etwas zu essen brauchten; es ging um sie.

> Vielleicht fällt es uns wie Petrus viel leichter, an Jesu Göttlichkeit zu glauben, wenn wir an Land sind, sicher und gut aufgehoben, während er für andere sorgt.

Und vielleicht fällt es uns wie Petrus viel leichter, an Jesu Göttlichkeit zu glauben, wenn wir an Land sind, sicher und gut aufgehoben, während er für andere sorgt. Wenn es hart auf hart kommt und wir meilenweit vom Ufer entfernt sind, wollen wir zwar glauben, dass er es ist, der auf uns zukommt, doch oft zweifeln wir daran. Jesus? Bist du das?

Eine tiefere, schwerwiegendere Frage verlangt nach einer Antwort; die Frage, die für uns zu allen anderen Fragen führt:

„Bist du wirklich real?"

Offenbar hatte Petrus ein Herz, das immer wieder von seinem Meister abkam, trotz seiner Liebe zu Jesus. Er ist der gleiche Jünger, der später Jesus drei Mal verleugnen wird, und er ist es, der, ohne zu überlegen versucht, seinen Herrn zu verteidigen, indem er einem Soldaten, der Jesus bedroht, das Ohr abschlägt. Ich muss lächeln, wenn ich etwas von Petrus lese, weil ich viel von mir selbst in ihm sehe. Ich werfe mich Gott in die Arme, verzaubert von dem Liebeslied, das er für mich gesungen hat, und will nichts lieber, als der ganzen Welt davon zu erzählen. Ich will ihm mit Feuereifer dienen und ihm so leidenschaftlich hingegeben sein, wie es nur möglich ist.

Und doch gibt es mehr Situationen, als ich mir eingestehen möchte, in denen ich ruhelos im Bett liege, nachdem es im Haus schon lange ruhig geworden ist, und mich frage, ob das Ganze nicht nur Augenwischerei ist.

Für jemanden, der gern so viele Informationen wie möglich sammelt und diese dann mit mindestens zehn anderen Quellen bestätigt, kann das eine beängstigende Situation sein. Und wie Petrus rufe ich demjenigen, den ich für *ihn* halte, zu: „Wenn du es wirklich bist …"

Die Worte bleiben mir im Hals stecken und ich habe Angst zuzugeben, dass ich Zweifel hatte. Ich schäme mich, dass ich mich so sehr auf meine Wahrnehmung verlasse. Doch so wie bei Petrus antwortet Jesus auch mir immer wieder nur mit einem einzigen, einfachen Wort:

„Komm."

Voller Glauben steige ich aus dem Boot, den Blick auf ihn gerichtet und mein Inneres gehalten von seiner Stimme. Meine Füße bewegen sich, und einen Augenblick lang frage ich mich, warum ich überhaupt gezweifelt habe. Welcher sterbliche Mensch könnte mich denn dazu aufrufen, auf dem Wasser zu gehen? Bei ihm bin ich sicher; ich gehöre ihm …

Je näher Petrus Jesus kam, umso sicherer wurde er, und vielleicht vergaß er sogar seine Ängste, als er das Unmögliche tat. Allerdings dauert es nicht lange, bevor er den Blick von Jesus abwendet und sieht, dass der Wind ein Chaos verursacht.

Dann geht er schnell unter, und er hat nur einen Sekundenbruchteil Zeit, eine Entscheidung zu treffen, die den Rest seines Lebens verändern wird.

☙❧☙❧☙❧

Ich war in der zweiten Klasse, und man hatte uns in die Schulbibliothek geführt, um eine besondere Vorführung zu sehen. In meiner Kindheit lebten wir mehrere Jahre in Kobe in Japan, und es war mein erstes Weihnachtsfest dort. Ich besuchte eine internationale Schule, also hatte ich Freunde aus der ganzen Welt. So hatte ich tolle Gelegenheiten, etwas über verschiedene Kulturen zu lernen. Die Bibliothek war mein liebster Ort in der ganzen Schule, sogar noch mehr als der Pausenhof. Wir flüsterten und versuchten, ruhig zu bleiben, als wir in den großen Raum schlüpften und Papierschneeflocken an langen Fäden an der Decke tanzen sahen. Ein schwedisches Mädchen aus der sechsten Klasse stand auf einem kleinen Podium und hatte verschiedenes Holzspielzeug um sich herum aufgebaut. Ihr Name war Anya, und sie war bildschön. Sie war groß und hatte langes, blondes Haar, das im Moment mit einer Krone aus brennenden Kerzen geschmückt war.

Das Licht in der Bibliothek war gedämpft, und sie stand sehr, sehr still, während wir uns Sitzplätze in ihrer Nähe suchten. Sie lächelte wie ein Engel, und ich weiß noch, dass ich wie verzaubert von ihrem fließenden weißen Kleid und dem sanften Flackern der Kerzen war. Ich winkte ihr zu. Sie winkte nicht zurück, aber das war in Ordnung. Ich machte mir nämlich etwas Sorgen wegen der Feuergefahr, denn immerhin war überall eine Menge Papier. Ich nickte und hob den Daumen, wie um zu sagen: „Kein Problem. Sei schön vorsichtig!"

Ich dachte darüber nach, wie es wohl wäre, in Anyas Familie zu leben. Sie hatte fünf Schwestern, und alle sahen aus wie ein und dasselbe Mädchen in unterschiedlichem Alter. Ihr Vater war Arzt und ihre Mutter machte Zuckerplätzchen, auf denen ganz dicke Zuckerkristalle waren. Ihre Schwester war in meiner Klasse und sah, wie ich Anya zuwinkte. Sie starrte mich durchdringend an und beugte sich zu mir herüber.

„Anya ist gerade nicht Anya. Sie ist *Lucia*. Lenk sie nicht ab."

„Okay, tut mir leid. Wer ist Lucia?" Sie legte den Finger auf die Lippen; ich sollte ruhig sein. Dann drehte sie sich mit einem wissenden Lächeln wieder zu ihrer Schwester um.

Ich protestierte, sie habe mir nicht zu sagen, dass ich ruhig sein soll, aber es kam lauter heraus, als ich wollte. Anya/Lucia schloss die Augen, als versuchte sie, sich zu sammeln.

Ich schlug die Beine übereinander und wartete, dass die Vorführung begann. Ich ärgerte mich, dass Mrs Barton mich anstarrte, als sei ich das Problem, wenn sie doch viel eher auf das Mädchen mit der flammenden Krone hätte aufpassen sollen!

Wenige Momente später wurde das Licht in der Bibliothek noch gedämpfter, und wir alle holten tief Luft, als Anya sich sehr langsam auf einen Hocker setzte.

Ich warf Mrs Barton einen Blick zu, um in Erfahrung zu bringen, ob wir um unsere Sicherheit besorgt sein müssten. Es war zu dunkel, um sie richtig zu sehen, und ich wurde etwas nervös, also dachte ich an Charlie Brown. Ich weiß nicht genau, warum, aber wenn ich Angst bekam, dachte ich immer an ihn. An ihn oder an Bücher, aber es war viel zu dunkel, um die Bücher hier zu sehen.

„Mein Name ist Lucia ...", begann sie.

Dreiundzwanzig Zweitklässler hielten kollektiv den Atem an. Ich packte das Bein meiner Freundin Natalie. Sie legte ihre Hand auf meine, und ich spürte, dass sie schwitzte.

Ich war mir ziemlich sicher, dass ich nicht entkommen konnte. Ehrlich gesagt, hatte ich schreckliche Angst. *Charlie Brown, Snoopy, keine Angst ...*

„Vor vielen Jahren starb ich für meinen Glauben an Jesus Christus." Sie hielt eine große Kerze in ihren Händen, und während sie sprach, führte sie sie näher an ihr Gesicht heran. Es wurde immer gruseliger.

> Vor vielen Jahren starb ich für meinen Glauben an Jesus Christus.

Vergiss Charlie Brown. Ich werde in der Bibliothek sterben.

Ich fing an, mir meine Haare um die Finger zu winden. Ich konnte mich noch eben so davon abhalten, mir den anderen Daumen in den Mund zu stecken, denn alle würden es sehen können.

„Viele Menschen wissen nicht, wer ich bin, doch ich will euch meine Lebensgeschichte erzählen, und dann dürft ihr mir Fragen stellen." Anya lächelte ein klein wenig, aber ich war mir trotzdem relativ sicher, dass sie der Todesengel war.

Sie erzählte uns, dass sie aus Sizilien stammte. Ihre Mutter sei so krank gewesen, dass sie an einen anderen Ort gegangen war, um für sie zu beten. Dort hatte Gott ihr aufgetragen, Christ zu werden. Ein paar andere Leute wollten nicht, dass sie Christ war, also versuchten sie, sie zu verbrennen. An diesem Punkt schloss sie die Augen und tat so, als spräche sie weiter, während die Flammen sie einschlossen.

„Ich weigere mich zu sagen, dass ich nicht glaube! Ich liebe Jesus! *Ich liebe Jesus!*"

Mrs Barton flüsterte die Worte mit ihr mit. *Die zwei sind verrückt!*, dachte ich. Aber es war trotzdem furchterregend, denn es war echtes Feuer und so.

Plötzlich riss Anya die Augen auf, und in gespielter Todesangst wurden sie immer größer. „Und dann stach ihr jemand mit einem Schwert durch den Hals, doch sie hörte nicht auf zu sagen, dass sie Jesus liebt." Dann wurde sie wieder zu der unheimlichen Lucia mit den geschlossenen Augen und verfiel in eine Art Singsang. Mrs Barton schüttelte ehrfürchtig den Kopf.

Ich für meinen Teil war einfach nur verwirrt und fand, wir sollten das Licht wieder anschalten und uns ein Buch über Ramona oder Laura Ingalls schnappen. Mir war unbehaglich zumute und ich fing an herumzurutschen; dabei überlegte ich, ob ich fragen sollte, ob ich zur Toilette gehen durfte, bevor noch ihr Kopf anfing, sich um seine eigene Achse zu drehen.

Plötzlich merkte ich, dass Anyas Schwester verschwunden war, und aus der Abteilung für „Jugenderzählungen" hörte man Gesang.

Alle fünf Schwestern von Anya tauchten auf und schritten nacheinander in einer finsteren Prozession auf das Podium zu. Jede hielt eine Kerze in der Hand und schaute strikt geradeaus, völlig in ihre Rolle versunken.

Als sie auf dem Podium standen, drehten sie sich alle zu uns um, und ich fand, dass sie die furchterregendsten Klonschwestern waren, die ich kannte. Selbst wenn man mir Plätzchen mit dicken Zuckerkristallen versprach – ich würde nie wieder zu ihnen nach Hause gehen!

Anya sprach noch einige Minuten über andere Traditionen und bat schließlich die Bibliothekarin, das Licht wieder anzuschalten. Mrs Barton blies ihre Kopf-Kerzen aus und lobte sie für den hervorragenden Vortrag. Die anderen Schwestern löschten ebenfalls die

Kerzen, die sie in den Händen hielten, und huschten wieder zurück in ihr Versteck hinter dem Bücherregal.

„Und jetzt dürft ihr alle Anya Fragen stellen, wenn ihr wissen wollt, wie ihre Familie Weihnachten feiert." Mrs Barton hatte vor Stolz ganz rote Wangen und war begierig zu sehen, welche anderen göttlichen Weisheiten Anya uns mitteilen würde.

Ein Junge namens Cyril hob die Hand. „Darf ich eine Kerze haben?"

Mrs Barton schüttelte missbilligend den Kopf und bedeutete ihm, er solle die Hand wieder herunternehmen, damit jemand anderes mit einer klügeren Frage drankommen konnte.

Nora war die Nächste. Nora hatte zwei Zöpfe, die über ihren ganzen Rücken reichten, und sie gab ständig mit ihrer Videosammlung an. Sie hatte über 500 Videokassetten. Ich glaubte ihr zwar erst nicht, aber es stimmte doch, denn bei einer Pyjamaparty bekam ich sie alle auf einem Regal zu sehen. Nora war die größte Schleimerin in der ganzen Klasse und hatte Anya wahrscheinlich gar nicht zugehört, weil sie damit beschäftigt war, ihre Liste von Fragen vorzubereiten.

„Nora?" Sogar Mrs Barton sah genervt aus.

„Ja, Anya. Könntest du uns bitte etwas darüber erzählen, welche Rolle der Weihnachtsmann in der schwedischen Tradition spielt?" Sie schürzte die Lippen und schaute Anya mit gespielter Gespanntheit an, während ich die Augen verdrehte und mir schwor, den Mund zu halten, damit ich später bei ihr *Gremlins* anschauen konnte.

Anya lächelte. Was sehr rücksichtsvoll von ihr war, wenn man bedenkt, dass sie gleich mein Leben ruinieren würde.

„Nun", begann sie, „als wir alle *noch glaubten*, dass es einen Weihnachtsmann gibt …"

Moment mal.

Was?

WAS?

Sie erzählte der Klasse, sie hätten früher geglaubt, der Weihnachtsmann käme und brächte die Geschenke und so weiter, aber jetzt kannten sie die Wahrheit und so weiter und so fort.

Ich starrte sie ungläubig an und beobachtete die Rauchwölkchen, die um ihre kleine Krone schwebten, wo eben die Kerzen ausgeblasen worden waren.

Ich verfiel in Panik

Ich schaute Mrs Barton genau so an, wie ich die Flugbegleiterin auf einem sehr unruhigen Flug anschaute: Ich wollte mich orientieren und verstehen, was die Experten dachten. Mrs Barton sah aus, als hätte sie eine Ratte verschluckt. Offensichtlich waren sie diesen Teil bei der Probe nicht durchgegangen.

Cyril fing an zu weinen und Mrs Barton drückte ihm eine unangezündete Kerze in die Hand.

Durch die Klasse ging ein leises Raunen, bis uns schließlich die Bibliothekarin sagte, es sei Zeit zu gehen. Auf dem Weg nach draußen gab mir Anya ein seltsames Brötchen und Süßigkeiten und wünschte mir Frohe Weihnachten.

Ich starrte sie mit offenem Mund an und versuchte, einen Satz zusammenzubringen, der wieder Ordnung in mein Leben bringen würde.

„Du hast gelogen, Anya. Es gibt ihn. Es gibt ihn *wirklich*!" Ich konnte es nicht verhindern – ich fing an, mir die Augen aus dem Kopf zu weinen. Dann ging ich weiter den Flur hinunter, ein hausgemachtes schwedisches Brötchen in der einen Hand und meine Unschuld in der anderen.

Als wir um die Ecke bogen, stand die andere zweite Klasse schon erwartungsvoll vor der Bibliothek, und ich schaute plötzlich einem Mädchen in die Augen, das ich noch nie zuvor gesehen hatte. Sie sah besonders gespannt aus und hatte einen Pullover an, auf den vorne ein Paar echte Handschuhe aufgenäht war. Sie waren potthässlich. Ich überlegte, ob ich ihr einen Modetipp geben sollte, doch dann kam ich gleich zum Punkt, weil sich die Schlange in Bewegung setzte.

„Geh da nicht rein!", flüsterte ich ihr zu.

Zu spät. Sie waren auf dem Weg in die Bibliothek, und Anya hatte bereits ihre Krone wieder angezündet.

„Mein Name ist Lucia …", hörte ich sie beginnen.

Das Mädchen schaute noch einmal zu mir zurück, als sich die große Holztür schloss, und ich sprach ein kleines Gebet für sie. Es war nicht direkt an Gott gerichtet, denn ich war noch immer ein bisschen sauer darüber, dass er zugelassen hatte, dass man dieses Mädchen verbrannte, nur weil es an ihn geglaubt hatte. Den Rest des Tages über hörte ich kein einziges Wort mehr von Mrs Barton. In der Cafeteria saß ich ganz allein da und versuchte zu überlegen, wie ich das Thema mit meiner Mutter anschneiden sollte, wenn ich nach Hause kam.

Es war ein langer Tag und eine lange Taxifahrt nach Hause.

Meine Mutter saß am Esstisch, als ich nach Hause kam. Sie hatte bereits einen kleinen Imbiss für meine Schwester und mich bereitgestellt.

„Jennifer, geh in dein Zimmer." Ich deutete auf ihre Tür, wartete, bis sie hineingegangen war, und schloss die Tür hinter ihr, bevor ich zu meiner Mutter ging. Jennifer musste das alles noch nicht wissen. Sie hatte noch zwei Jahre, bevor eine von Anyas Schwestern die Klasse verstören und Weihnachten für immer ruinieren würde.

Ich setzte mich bei meiner Mutter auf den Schoß, vergrub das Gesicht in ihrem Pullover und fing wieder an zu weinen.

„Es gibt ihn gar nicht, Mami, stimmt's?", brachte ich schließlich hervor.

Ihre Hand strich mir übers Haar und hielt einen Moment inne, während sie darüber nachdachte, wie sie auf meine Frage antworten sollte.

„Wer hat dir das gesagt, Angela?"

Ich konnte kaum atmen und schluchzte wortweise: „Es … war… *LUCIA!!!"*

Bilder von Rentieren und Elfen flogen mir durch den Kopf und ich schmiegte mich an den Hals meiner Mutter. Sie sagte kein Wort, und ich wusste es.

Es war alles eine Lüge.

Er schaute sich keine Liste an – weder ein- noch zweimal.

Er hatte keine Frau und kein Haus am Nordpol, und am allerschlimmsten war, dass ich meiner Schwester mein Mittagessen ganz umsonst untergeschoben hatte. Die ganze Anstrengung für *nichts und wieder nichts.*

Ich hatte Monate, sogar Jahre verschwendet, und der ganze Aufwand nur, weil ich dachte, dass es irgendjemanden kümmert. Ich war furchtbar enttäuscht. Die Arme um meine Mutter geschlungen, dachte ich über alles nach, was ich einmal geglaubt hatte.

Fünfzehn Minuten und drei Taschentücher später ließ ich meine Schwester aus ihrem Zimmer und wünschte mir, ich könnte die Uhr zurückdrehen und heute einfach die Schule schwänzen.

⚜⚜⚜⚜⚜

In meinem Herzen bin ich Akademikerin. Ich mag Fakten, am liebsten mit einer guten Portion Beweise serviert. Dinge, die logisch sind und zweifelsfrei bewiesen werden können, bringen mich ins Schwärmen.

Doch wenn ich behaupten würde, dies sei die Grundlage meiner Beziehung zu Jesus oder ich hätte ihn im Ausschlussverfahren lieben gelernt, wäre das eine Lüge.

Ich werde auch gleich etwas sagen, das viele Christen lieber nicht sagen wollen, weil sie meinen, es würde ihrem Glaubenszeugnis einen Abbruch tun.

Manchmal zweifle ich.

Da haben Sie's. Jetzt ist es raus.

Drei Worte, die unter Umständen jeden im Boot davon überzeugen könnten, dass ich ihm nicht genug vertraue, um aus dem Boot zu steigen und auf dem Wasser zu gehen.

Glaube ich ihm? Natürlich.

Mehr noch: Ich habe ihn so persönlich erlebt, dass es schwer zu erklären wäre, wie ich überhaupt zweifeln kann. Und trotzdem zweifle ich.

Entweder werfen Sie dieses Buch jetzt zu Boden, weil Sie es für Gotteslästerung halten, oder Sie nicken zustimmend, weil Sie an Ihre eigenen Sturmzeiten denken. Ich schätze, dass wahrscheinlich eher Letzteres passiert ist – denn wenn Sie dieses Buch weggeworfen hätten, wären Sie ohnehin nicht bis zu diesem Satz gekommen.

Sehen Sie? Logik ist meine Freundin.

Jahrelang hielt ich mich für schlechter als meine Freundinnen aus der Bibellesegruppe, die im christlichen Glauben aufgewachsen waren und nicht verstehen konnten, wie jemand Gott lieben und gleichzeitig an ihm zweifeln kann.

> Jahrelang hielt ich mich für schlechter als meine Freundinnen aus der Bibellesegruppe, die im christlichen Glauben aufgewachsen waren und nicht verstehen konnten, wie jemand Gott lieben und gleichzeitig an ihm zweifeln kann.

Ich glaube, es ist gar nicht möglich, dieses Leben ohne Raum für Zweifel zu führen.

Und noch schockierender: Ich glaube, Gott nimmt es uns nicht übel. Denn wenn er gewollt hätte, dass wir auf dem Wasser gehen können, hätte er uns wahrscheinlich dafür erschaffen.

Gott braucht nicht einen Haufen Roboter, die durch die Welt wandern und allen erzählen, wenn man richtig an Gott glaubt, hat man keine Momente des Zweifels. Ich glaube nicht, dass Gott sich von unseren Fragen einschüchtern lässt. Genaugenommen denke ich, er freut sich, wenn wir uns so mit der Wahrheit auseinandersetzen, dass daraus Fragen entstehen. Es ist nicht so, als könnten wir ihn mit irgendeiner Frage eiskalt erwischen und dann läuft plötzlich die Menschheit aus dem Ruder, weil wir die Handlungslücke in seinem Theaterstück gefunden haben. Er läuft nicht nervös im Himmel hin und her und beißt sich die Fingernägel, weil er sich fragt, ob wir ihn durchschauen und die Scharade ruinieren. Stattdessen steht er da, gerade so weit von uns entfernt, dass unsere Fingerspitzen ihn nicht berühren können, und wünscht sich, dass wir die Kluft im Glauben überwinden.

Hätte Jesus zu Petrus rennen, ihn aus dem Wasser ziehen, mit ihm einige Runden am Himmel drehen und ihn dann mit einem großen „Ta-da!" wieder ins Boot setzen können?

Natürlich, zweifellos.

Doch wo wäre da der Glaube geblieben? Und wo ist dann das Kaninchen, das er für seinen nächsten Trick aus dem Zylinder zieht?

Gott ist kein Zauberer, der mit Illusionen und großen Gesten arbeitet und Zuschauer aus dem Publikum auf die Bühne holt, um ihm bei seiner Nummer zu helfen.

Gott braucht uns nicht auf der Bühne, um Gott zu sein.

Lassen Sie sich das einmal auf der Zunge zergehen. Denn so einfach – vielleicht zu einfach? – und vertraut es auch klingen mag, glaube ich ehrlich, dass es Ihr und mein Denken verändern kann.

Gott bleibt Gott, auch wenn wir im Boot bleiben.

Aber er wird nicht *Ihr* Gott werden, wenn Sie nicht aus dem Boot steigen.

Und dann werden Sie vielleicht etwas Ähnliches feststellen wie ich. Manchmal mache ich große, schöne Glaubensschritte – und ein andermal, wenn der Wind als gewaltiger Gegner erscheint, werden mir bei allem, was um mich herum geschieht, die Knie weich.

Was, wenn alles nur eine Lüge war? Was, wenn wir unser Vertrauen auf diesen Jesus-Menschen setzen und dann erkennen, dass es nur ein Schwindel war? Ich glaube nicht, dass das der Fall ist, und ich bin bereit, mein Leben darauf zu setzen, doch es gibt Augenblicke, in denen das Wasser mir den Atem nimmt und ich mich frage, ob ich nicht lieber Folgendes hätte tun sollen: eine Schwimmweste anziehen und mit den anderen aushalten.

Und ich bin nicht die Einzige.

Erinnern Sie sich noch an Thomas? Den *zweifelnden* Thomas?

Ich würde sagen, er formulierte gegenüber den Jüngern, die den auferstandenen Christus gesehen hatten, seine Zweifel ziemlich unmissverständlich: „Das glaube ich nicht, es sei denn, ich sehe die Wunden von den Nägeln in seinen Händen, berühre sie mit meinen Fingern und lege meine Hand in die Wunde an seiner Seite" (Johannes 20,25).

Ähm … ja. Für den Begriff „peinliches Schweigen" hat sicher diese Situation Pate gestanden.

Ich glaube aber, es gibt noch eine Kehrseite dieser Medaille, die wir als Christen nicht außer Acht lassen sollten.

Wenn andere Menschen erzählen, was sie durch den Glauben erlebt haben, ist das wunderbar, aber kein Ersatz für die eigene Glaubenserfahrung.

Über eine Woche verging, und vielleicht fühlte sich Thomas im Recht mit seiner Meinung. Vielleicht war er auch enttäuscht; vielleicht versuchte er sogar die anderen von seiner Sicht der Dinge zu überzeugen: nämlich, dass aller Wahrscheinlichkeit nach Jesus, der sogenannte Christus, tot und begraben war und man nie wieder von ihm hören würde.

> „Sei nicht mehr ungläubig, sondern glaube!"
> (Johannes 20,27)

Und dann, eines Tages, betrat Jesus den Raum, obwohl die Tür verschlossen war, und begrüßte die Gruppe mit den Worten: „Friede sei mit euch!" (Johannes 20,26).

Okay, vielleicht habe ich mich geirrt. Vielleicht gibt es eine Steigerung von „peinliches Schweigen".

Ab hier spricht Jesus nur mit Thomas; er sagt: „Lege deine Finger auf diese Stelle hier und sieh dir meine Hände an. Lege deine Hand in die Wunde an meiner Seite. Sei nicht mehr ungläubig, sondern glaube!" (Johannes 20,27).

Wahrscheinlich haben Sie diese Geschichte schon einmal gehört, und vielleicht denken Sie sich jetzt: „Na klar! Ich würde auch nicht an ihm zweifeln, wenn er direkt vor mir stünde!"

Jahrelang habe ich diesen Abschnitt mit einem gewissen Neid auf diejenigen betrachtet, die Jesus in seiner menschlichen Gestalt berühren durften und unerschütterlichen Glauben hatten. Aber erst vor Kurzem ist mir etwas Interessantes an dieser Geschichte aufgefallen. Wir gehen davon aus, dass Thomas Jesus berührte und infolgedessen glaubte – doch das steht nicht ausdrücklich im Text. Nirgendwo in dem Bericht gibt es einen Augenblick, in dem Thomas Jesus tatsächlich berührt. Stattdessen hören wir ihn ausrufen: „Mein Herr und mein Gott!"

Auch ich bitte Jesus, sich mir auf eine Art und Weise zu offenbaren, die es mir unmöglich macht, an ihm zu zweifeln.

In gewisser Hinsicht ist es gar nicht von Bedeutung, ob Thomas Jesus tatsächlich berührt hat. Viel wichtiger ist, dass Gott den Beweis lieferte, der den Zweifel ganz ausräumte. Thomas wollte Jesus berühren und sagte, er würde nicht glauben, bevor er es getan hatte. Vielleicht hat er seine Hände in die Wunden gelegt, doch vielleicht auch nicht.

Es ist möglich, dass er genug von dem auferstandenen Herrn sah, um zu wissen, dass es keine Rolle mehr spielte, ob er bekam, was er wollte. Sein ehrfürchtiger Ausruf galt dem Einen, der vor ihm stand.

Schönheit und Segen entstehen nicht daraus, dass wir die Beweise in den Händen halten, sondern aus dem Glauben, der *trotz* der Beweise vertraut.

Ich habe mich oft gefragt: „Was, wenn ich sterbe und herausfinde, dass das alles Unsinn war und ich umsonst geglaubt habe? Was, wenn es kein ewiges Leben gibt?" Früher hat mich dieser Gedanke sehr beunruhigt, doch inzwischen habe ich Frieden gefunden. Nach Audreys Tod wollte ich Gewissheit haben, dass ich sie wiedersehen würde, und fragte mich, ob das alles nicht doch nur Wunschdenken war. Meine Lebenserfahrung sagt mir, dass es Gott wirklich gibt, und ich entscheide mich zu glauben, dass ich eines Tages ewiges Leben bei ihm haben werde.

Das Johannesevangelium war mir im Hinblick auf diese Angst eine große Hilfe. In diesem Evangelium taucht (je nach Übersetzung) das Wort „glauben" an die 100 Mal auf, und das Buch betont besonders, dass Jesus Gott war. Im Johannesevangelium sehen wir Jesus Wunder tun, während er ausdrücklich erklärt, Gottes Sohn zu sein. Johannes war nicht nur der erste Jünger, der glaubte, dass Jesus von den Toten auferstanden war, sondern auch der erste, der ihn nach seiner Auferstehung erkannte. Im Wesentlichen besteht die Schönheit des Johannesevangeliums darin, dass Johannes *glaubte*.

Obwohl ich mich mehr mit Petrus identifizieren kann, finde ich es wunderbar, wie Johannes seinen Retter liebte. Seine Worte fließen von Hingabe und Leidenschaft für seinen Herrn nur so über, und ich bewundere seinen unerschütterlichen Glauben. Wie können wir selbst zu solch einem Glauben kommen? Ich bin mir gar nicht so sicher, ob wir das wirklich müssen.

Ja, wir müssen glauben. Doch müssen wir auch jeden noch so leisen Zweifel beseitigen? Nicht einmal die Menschen, die Jesus am nächsten standen, konnten das.

Ich weiß von mehreren Situationen in meinem Leben, als Satan mir einreden wollte, dass ich eigentlich gar kein Christ bin. Er reizte mich mit Bildern von Menschen, die zu zweifeln schienen. Je enger ich mich zu Jesus hielt, desto deutlicher konnte ich den Sohn Gottes sehen. War es perfekt? Nein. Aber dadurch war es für mich umso wertvoller.

> Wenn Sie Jesus nicht so erleben wie andere, kann es daran liegen, dass Sie noch im Boot sitzen – als Beobachter der Wunder, die andere erleben.

Doch was, wenn ich ihn nicht so erlebe wie die anderen?

Was ich jetzt sage, mag wie eine Zurechtweisung klingen, doch das ist es nicht. Ich bin's bloß, in der einen Hand die Kaffeetasse und den anderen Arm liebevoll um Sie gelegt. Bitte lassen Sie sich die folgenden Worte sagen und denken Sie einmal darüber nach, wie Sie es vielleicht bisher noch nicht getan haben.

Wenn Sie Jesus nicht so erleben wie andere, kann es daran liegen, dass Sie noch im Boot sitzen – als Beobachter der Wunder, die andere erleben.

Ich spreche aus Erfahrung.

Früher habe ich gesehen, wie Gott unglaubliche Dinge für Menschen in meinem Umfeld getan hat, und war neidisch auf ihre Beziehung zu ihm. Ich würde gern sagen, dass ich irgendwann ein Patentrezept entdeckte, durch das ich ihn kennenlernte, oder einfach eines Tages aufwachte und glaubte. Das Harte daran ist …

Einen Moment noch. Trinken Sie erst einmal einen Schluck Kaffee, bevor ich Ihnen mit dem nächsten Teil eins überziehe.

Wir sollen in unserer Beziehung zu Jesus nicht passiv sein. *Ist es möglich, dass Sie zweifeln, weil Sie warten, statt sich zu bewegen?*

Ich spreche hier nicht davon, sich zu einem Kurs anzumelden oder ehrenamtlich in einem Obdachlosenheim zu arbeiten, weil Sie wissen, dass Sie einen selbstlosen Lebensstil erlernen sollten. Keiner, der Jesus Christus wirklich kennenlernen und ihm sein Herz (und dafür die Bibel) öffnen will, wird mit leeren Händen weggehen. Das ist eine ziemlich kühne Behauptung für eine 1,55 m große, 45 Kilo schwere Frau (okay, der letzte Teil ist eine Lüge … eine schöne Lüge, aber trotzdem eine Lüge), oder? Allerdings behaupte nicht ich das, sondern Gott. Er verspricht, dass sein Wort nicht leer zurückkehren wird (Jesaja 55,1). Deswegen möchte ich Ihnen Mut machen, die Bibel mit einem Herzen zu lesen, das die Wahrheit sucht, und Gott einzuladen, sich Ihnen dabei zu offenbaren.

Vielleicht ist es eine kleine bildliche Hilfe, wenn Sie sich die Nacht vorstellen, in der Petrus Jesus um Hilfe rief. Ich betrachte diesen Augenblick in der Bibel als eine Abfolge von Entscheidungen, und in jeder dieser Entscheidungen steckt für uns, die wir mit Angst zu kämpfen haben, eine Ermutigung.

Zunächst ist da die Entscheidung, entweder Gott genug zu vertrauen, um loszugehen, oder im Boot zu bleiben. Hoffentlich sind wir gehorsam und bekommen Gottes Macht in Aktion zu sehen. Wir gleiten dahin und sind glücklich darüber, dass wir tun, was unmöglich schien. Doch wie bei Petrus kann es sein, dass wir uns von dem ablenken lassen, was um uns herum geschieht. Plötzlich verlieren wir den Blickkontakt, und uns wird bewusst, wie absurd das ist, was wir hier tun. Auf dem Wasser gehen? Vielleicht war das keine gute Idee …

Petrus erging es bei seiner Entscheidung nicht anders, und statt seinen Glauben dort zu lassen, wo er hätte ruhen sollen, ließ er seine Reaktion von seiner Umwelt bestimmen. (Kommt Ihnen das bekannt vor?)

Inzwischen ist Petrus in Panik verfallen. Überall ist Wasser, und er versucht, sich zu orientieren. Ihm wird bewusst, dass er für seine nächste Entscheidung nur Sekundenbruchteile Zeit hat. Und seine Entscheidung begeistert mich.

Erinnern wir uns, wo Petrus sich befand: zwischen einem Boot voller Männer, die er sehen konnte, und dem Mann, der von sich behauptete, Gottes Sohn zu sein. Erinnern wir uns auch daran, dass mehrere der Jünger in seiner Nähe *Fischer* waren.

Das Wasser war ihr Leben, und gewiss waren sie schon früher in schlechtes Wetter geraten. Sicher waren sie gar nicht so weit von Petrus entfernt. Und wenn ich über dieses Bild nachdenke, stockt mir der Atem.

Petrus versinkt im Wasser – zwischen einem Boot voller kräftiger Männer und dem Mann, der behauptet, Gottes Sohn zu sein.

Und wissen Sie was?

Uns ergeht es nicht anders. Wir müssen jeden Tag, jeden Moment die gleiche Entscheidung treffen.

Sie? Oder *er*?

Wie oft habe ich mich auf die Männer im Boot verlassen statt auf meinen Herrn?

Sehr oft.

Vielleicht kamen die Männer im Boot in der Gestalt eines Arztes, Freundes, Experten. In der Gestalt eines Menschen, den ich anfassen und dem ich in die Augen sehen kann. In der Gestalt eines Menschen, der berechenbar, sachkundig oder stark war.

Ich versinke; du musst kommen und mir helfen …

Für mich ist das, was Petrus tat, nicht unbedingt deshalb denkwürdig, weil er den Blick von Jesus abwendete und nicht genug Glauben hatte. Hat Petrus gezweifelt? Na klar. Und wir vielleicht auch. Aber als es hart auf hart kam, rief Petrus nach Jesus statt nach den Menschen – *trotz seiner Angst*.

Sein Leben steht auf dem Spiel. Er ist starr vor Angst und verunsichert von seinen Umständen. Und doch sagt er nur ein Wort:

Herr!

Das heißt es, mit einem Glauben zu leben, der alles verändert. Es ist die Stimme, die über den Wind hinweg ruft, im vollen Bewusstsein, dass das aus weltlicher Sicht nicht unbedingt logisch ist. Drei Worte, die so leicht zu übersehen sind, und doch liegt in ihnen der Schlüssel zu einem Glauben, der sich der Angst entgegenstellt:

Herr, rette mich!

Und was tut Jesus daraufhin? „*Sofort* streckte Jesus ihm die Hand hin und hielt ihn fest" (Matthäus 14,31; Hervorhebung meine). Er rettete Petrus nicht, als der unterzugehen begann.

Er rettete Petrus, als Petrus nach ihm rief.

Nachdem er Petrus aufgefangen hat, stellt er ihm eine Frage: „Du hast nicht viel Glauben … Warum hast du gezweifelt?" (Matthäus 14,31).

Wie beantworte ich diese Frage in meinem Leben?

> Es ist nicht so, dass Petrus gar keinen Glauben hat – er ist nur in diesem Moment recht klein.

Ich habe diese Geschichte wohl fünfzig Mal gelesen, bevor mir klar wurde, dass Jesus Petrus nicht dafür tadelte, *keinen* Glauben zu haben. Stattdessen fragte er ihn, warum er gezweifelt hat, und sagte, er hätte „nicht viel Glauben". Das griechische Wort hier hat den Wortstamm *oligos*, und das kann auch „klein" bedeuten. Es ist nicht so, dass Petrus gar keinen Glauben hat – er ist nur in diesem Moment recht klein.

Ich denke, Gott versteht unsere Ängste. Ich sehe allerdings hier auch noch etwas anderes, das ich für nachdenkenswert halte.

Vor Petrus lag ein Glaubensweg, den er nicht ging. Ja, er hatte einen kurzen Blick darauf geworfen. Aber ich frage mich … wie hätte wohl der Rest ausgesehen? Hatte Jesus etwas Wunderbares für ihn vorbereitet, und es ist ihm entgangen? Ich persönlich denke, dass vielleicht das hinter Jesu Frage an Petrus gesteckt haben könnte.

Warum hattest du nicht genug Glauben, um weiterzugehen? Auf dich hätte etwas Großartiges gewartet, wenn du nur noch ein paar Schrit-

te gemacht hättest. Ich möchte nicht, dass dir entgeht, was ich in Prüfungszeiten für dich bereithalte, also hör auf zu zweifeln. Hör auf mit dem Glauben, der aufgibt. Setz einen Fuß vor den anderen, damit du selbst entdeckst, dass ich das Unmögliche tun kann. Kann ich dich retten? Natürlich. Doch du hättest noch etwas anderes, Größeres haben können – etwas, das du selbst über mich hättest herausfinden müssen …

Ich denke, Gott will nicht, dass wir wie Menschen leben, die hilflos in den Wellen untergehen und verzweifelt um Hilfe rufen, während sie sich ans Leben klammern. Das ist kein Leben in ganzer Fülle, wie Jesus es versprochen hat. Wenn ich mich bei dieser Geschichte in die Lage von Petrus versetze, weiß ich, wie es ist, Jesus aus den Augen zu verlieren. Aber als Leser von außen frage ich mich, was wohl hätte sein können.

Später wird Petrus Jesus vor dessen Tod drei Mal verleugnen. So sehr er Jesus auch liebt, seine Liebe ist einfach nicht stark genug, um auch angesichts großer Angst seine Entscheidungen zu bestimmen.

Es ist ein schmerzlicher Gedanke, was ich wohl in meinem Leben hätte anders machen können, wenn ich immer den Blick auf Jesus ausgerichtet und gegen meine Angst angekämpft hätte, indem ich einfach noch einen Schritt weitergegangen wäre. Es gab viele verpasste Gelegenheiten, viel vermeintliches Versagen und viel Kummer über das, was Gott sicher hätte tun können, wenn ich etwas mehr Glauben gehabt hätte.

Wenn wir glauben, dass Gott der Schöpfer der Wellen ist (und ich hoffe, dass Sie das glauben), ist es töricht, sich auf die Fischer zu verlassen. Und der Weg, der vor uns liegt, wird jeden Sturm prägen, der uns in unserem Leben noch begegnen wird. Er wird uns daran erinnern, dass Gott vertrauenswürdig ist und Gutes für uns geplant hat.

Die folgende Beschreibung des Bibelabschnitts, über den wir in diesem Kapitel nachgedacht haben, gefällt mir besonders:

In diesen vier Situationen definiert Jesus einen Glauben, der nicht die Gelegenheit nutzt, sich zu äußern. Dieser Glaube erleidet Schiffbruch und muss in Ordnung gebracht und wiederhergestellt werden. Doch zu diesem Versagen kann es ironischerweise nur kommen, weil diese Menschen überhaupt an Jesus glauben. Diese Worte lassen sich nicht auf die jüdischen Religionsführer anwenden, weil sie nicht an Jesus glauben. Seine Jünger hingegen sind ihm gefolgt und werden ihm auch weiterhin folgen, obwohl sie nicht alles verstehen und ihnen oft die Zuversicht und das Vertrauen zu Jesus fehlt, das er verdient und sich wünscht.[5]

Es ist das gleiche Wort, das auch in dem oft zitierten Gleichnis über das Senfkorn vorkommt, wo Jesus sagt: „Ich versichere euch: Wenn euer Glaube auch nur so groß wäre wie ein Senfkorn, könntet ihr zu diesem Berg sagen: ‚Rücke dich von hier nach da‘, und er würde sich bewegen. Nichts wäre euch unmöglich“ (Matthäus 17,20-21).

> Ich brauchte nur Glauben so groß wie ein Senfkorn, um den Kopf in die richtige Richtung zu drehen; und sobald Jesus mich in seine Arme zog, fragte ich mich selbst … Warum, Herr?

Mir kann der Segen entgehen, den ein Leben im Glauben trotz fehlender Beweise bringt. Mir kann das Gefühl entgehen, aus dem unruhigen Wasser gezogen zu werden und seinen Atem auf meinem Gesicht zu spüren, wenn er mich ermahnt, mich an seine Treue zu erinnern.

Um es mit Worten zu sagen, die von Jesus selbst stammen: „Gesegnet sind die, die mich nicht sehen und dennoch glauben“ (Johannes 20,29).

Worauf ist Ihr Blick gerichtet? Auf das Ufer, das viele Kilometer entfernt liegt? Auf das Boot voller Männer, denen Sie vertrauen? Oder schnappen Sie nach Luft und meinen, Sie könnten sich selbst retten?

In dem Fall kann ich Ihre Angst verstehen. Dieses Leben ist unbeständig. Unberechenbar. Furchterregend. Ich habe es erlebt und kämpfe noch immer dagegen an. Doch ich wünsche mir von Herzen, dass Sie erleben können, was ich erlebte, als es so aussah, als gäbe es für mich keinen Ausweg mehr: Ich brauchte nur Glauben so groß wie ein Senfkorn, um den Kopf in die richtige Richtung zu drehen; und sobald Jesus mich in seine Arme zog, fragte ich mich selbst … Warum, Herr? *Warum habe ich je an dir gezweifelt?*

Ich will Gott beim Wort nehmen, selbst wenn ich jede Minute einen neuen Anlauf nehmen muss. Und Sie können das auch.

ᛋᛃᛋᛃᛋᛃᛋ

H e r r, ich glaube. Hilf mir, meinen Unglauben zu überwinden, damit ich deine Macht persönlich erfahren kann. Erinnere mich täglich daran, dass du der Gott bist, der sich über unser Vertrauen zu dir freut. Danke, Herr, für den Menschen, der es wagte, im Glauben aus dem Boot zu steigen, und der vor allem in der Not deinen Namen rief. Er hat mir beigebracht, wie gut es ist, mich immer wieder für dich zu entscheiden.
I c h bitte dich, dass dein Name, und allein dein Name, der einzige ist, der mir auf den Lippen liegt – trotz des Sturms.
U n d vielleicht … nur vielleicht … wegen des Sturms.

ᛋᛃᛋᛃᛋᛃᛋ

Sie sollen wissen, dass ich diese Worte für jeden bete, der dieses Buch liest. Möge Gott Sie segnen, wenn Sie lernen, seiner Stimme zu vertrauen und in dem Glauben zu leben, der einen Frieden bringt, den diese Welt nie bieten kann.

Möge das Meer freundlich zu Ihnen sein – doch wenn nicht, mögen Sie auf den vertrauen, der Sie ruft: „Komm …"

Und dann, lieber Freund, liebe Freundin: Gehen Sie.

Die Angst vor Gott ...

Sollen wir Gott fürchten?

Ich habe viele verschiedene Bibelübersetzungen gelesen und mehr Kommentare, als ich an Händen und Füßen abzählen kann, und ich kann Ihnen sagen: Ja.

Mein Plan für dieses Buch war es, über Dinge zu schreiben, die wir nicht fürchten sollten – in der Hoffnung, Sie in den Bereichen ermutigen zu können, mit denen Sie kämpfen. Jetzt ist es aber an der Zeit, die Bombe platzen zu lassen: *Wir sind dazu aufgerufen, Gott zu fürchten.*

Ich werde mich bemühen, den Gedanken der Gottesfurcht mit dem Wissen zu verbinden, dass Gott gut, vertrauenswürdig und in der Lage

> Sicher, es gibt Momente, in denen Angst ganz gut ist – zum Beispiel, um uns auf eine Gefahr aufmerksam zu machen –, doch normalerweise bringen wir Angst nicht mit positivem Wachstum in Verbindung.

ist, sich klein genug zu machen, um wie ein Freund zu uns zu sein. Das ist aber gewissermaßen die Quadratur des Kreises, also bitte haben Sie etwas Geduld mit mir.

Ich habe mit vielen Menschen darüber gesprochen, was „Gottesfurcht" ist, und obwohl ich es noch längst nicht ganz verstehe, wird es mir allmählich klarer. Angst oder Furcht klingt erst einmal nicht nach etwas Gutem. Sicher, es gibt Momente, in denen Angst ganz gut ist – zum Beispiel, um uns auf eine Gefahr aufmerksam zu machen –, doch normalerweise bringen wir Angst nicht mit positivem Wachstum in Verbindung. Wenn ich also sage, wir sollen Gott fürchten, denken Sie vielleicht zunächst daran, wie Sie in Ihrem Leben vor einem Menschen Angst gehabt haben und wie es Ihnen dabei ging.

Viele Menschen, und Frauen vielleicht besonders, sagen, dass sie als Kinder Angst vor ihrem Vater hatten. Mit Unbehagen oder Tränen in den Augen erinnern sie sich daran, wie es war, in einem Elternhaus zu leben, wo der Vater unberechenbar, rachsüchtig, kontrollierend und noch mehr war. Oder vielleicht beschreiben diese Adjektive eine andere Autoritätsperson in Ihrem Leben. Diese Gedanken wollen Sie natürlich nicht mit Gott in Verbindung bringen. Das ist jedoch schwer, und der Gott der Bibel erscheint in manchen Fällen besonders distanziert, wenn er – in unseren Augen scheinbar nach Lust und Laune – Menschen tot umfallen lässt und ganze Länder zerstört. Wir verheddern uns in den Gefühlen, die sich bei dem Wort „Angst" oder „Furcht" entwickeln. Wir meiden jede Gelegenheit, unseren Gott mit den Menschen gleichzusetzen, die wir auf dieser Erde gefürchtet haben oder fürchten.

Ich hatte einen wunderbaren, liebevollen Vater und bin sehr dankbar, dass ich ein so gutes Vorbild hatte, wie sich ein guter, gütiger Mann verhalten sollte. Mein Vater vermittelte mir ein Gefühl der Sicherheit, und ich wusste immer, *immer*, wie sehr er mich liebte und dass er alles für mich tun würde.

Trotzdem hatte ich ein klein wenig Angst vor ihm.

Nicht, weil ich dachte, dass er mich bestrafen würde, wenn ich es nicht verdient hatte, oder mir wehtun würde, wenn er wütend war. Vielmehr fürchtete ich ihn, weil ich wusste, dass er über mir stand und das Recht hatte, mich zu bestrafen, wenn ich es verdient hatte. Das machte ihn nicht zu einem schlechten Vater, aber es ließ mich erkennen, wer ich in seiner Gegenwart war. Ich war nicht die Regelmacherin. Ich konnte immer meine Gedanken und Bitten vorbringen und mich immer auf ihn verlassen, aber am Ende galt, was er sagte.

Punkt.

Wenn wir also in diesem Kapitel über die Furcht vor Gott sprechen, dann denken Sie bitte an eine Person in Ihrem Leben, die für Sie ist wie mein Vater für mich. Jemand, den Sie respektieren, den Sie bewundern und dem Sie vertrauen. Sie erkennen uneingeschränkt an – wie ich meinem Vater gegenüber –, dass Sie dieser

Person nicht ebenbürtig sind, und Ihr Umgang ist von diesem Wissen geprägt.

Für mich persönlich hat das nicht den Effekt, den man vermuten könnte. Wenn ich meinem Vater nicht *vertrauen* würde, wäre es ein Albtraum, ihn zu „fürchten", denn dann wüsste ich nie, ob das, was er tut, wirklich das Beste für mich ist. Aber ich vertraue ihm, und sosehr ich mich darüber ärgerte, wenn ich eine bestimmte Freundin nicht besuchen durfte oder er darauf bestand, dass ich zu einer bestimmten Zeit daheim bin, damit es keine unangenehmen Folgen für mich hat, wusste ich doch, dass er mein Bestes wollte.

Wenn wir also eine solche irdische Person vor Augen haben, sollten wir nun klären, was wir mit „Furcht" im Hinblick auf Gott meinen. Sicher sollen wir doch keine Angst vor ihm haben, oder? Viele würden sagen, das Wort „Furcht" bedeutet eher „Ehrfurcht" oder „Hochachtung", wenn wir von Gott reden. Also soll ich Ehrfurcht vor ihm haben, aber keine Angst, richtig?

Das ist die Auffassung vieler Menschen, und ich glaube, darin liegt ein großes Stück Wahrheit. Wir sollen unser Leben in Ehrfurcht davor führen, wer Gott ist und wie er uns liebt, aber ich glaube nicht, dass das schon alles ist. (Der nächste Satz könnte Sie etwas aufstören, aber lesen Sie bitte trotzdem weiter!)

Ich glaube, wir sollten Gott nicht nur in dem Sinn fürchten, dass wir Hochachtung vor ihm haben, sondern auch ganz altmodisch im Sinn von: „In deiner Gegenwart, Gott, zittern mir die Knie." Ich glaube, wir machen einen großen Fehler, wenn wir Gott nicht *genug* fürchten.

Ich muss zugeben, dass ich Gott oft eher nachlässig begegne, und ich ertappe mich dabei, dass ich mich in seiner Gegenwart so behaglich fühle, dass mir ganz … *unbehaglich* dabei wird. Und falls je ein Tag kommt, an dem ich dieses Unbehagen nicht mehr fühle, werde ich die Folgen sehr viel mehr fürchten als heute.

Sollten wir Gott fürchten?

> Ich glaube nicht, dass wir Angst davor haben sollten, Gott zu fürchten.

Ja. Ganz einfach und ohne Weiteres: ja.

Aber ich glaube nicht, dass wir *Angst* davor haben sollten, Gott zu fürchten.

Wenn Sie hier neben mir sitzen würden, würde ich Ihr Gesicht beobachten, um einschätzen zu können, ob Sie verstehen, was ich meine, und was ich als Nächstes sagen sollte. Es ist mir sehr wichtig, dass Sie nach diesem Kapitel (und natürlich auch nach diesem Buch) wissen, dass Sie Gott vertrauen können und keine Angst vor einem Leben haben müssen, das von Gottesfurcht geprägt ist.

Gehen wir noch einmal einen Moment zu meinem Vater zurück (denn diese Passagen in meinen Büchern gefallen ihm am besten). Habe ich meinen Vater gefürchtet? Ja. Aber diese Furcht war eine Reaktion auf die Erkenntnis, dass ich mich vor ihm für mein Handeln verantworten musste. Am Ende war die Furcht vor meinem Vater (so unlogisch das auch klingen mag) ein Sicherheitsnetz für mich.

Vor Jahren las ich einmal ein Buch, das mir sehr gefiel: *Creative Correction* (etwa: „Kreative Korrektur"; Anm. d. Übers.) von Lisa Welchel. Darin spricht sie davon, wie Kinder ihre Grenzen austesten – nicht um auszubrechen, sondern um zu sehen, wie stark die Festung ist. Mir gefällt dieses Bild, und ich erlebe es jeden Tag in Fleisch und Blut. Meine Kinder lehnen sich gegen mich auf, eigensinnig und fest entschlossen, mich unterzukriegen. Doch Todd und ich reagieren mit der Konsequenz, die sie daran erinnert, dass wir das Sagen haben (jedenfalls versuchen wir es). Ehrlich gesagt sind die schwersten Tage in unserem Zusammenleben die, an denen meine Kinder sehen, dass ich nicht genügend Grenzen setze. Es gefällt ihnen nicht, ziellos durchs Haus zu wandern und alles tun zu können, was sie wollen, ohne dass es Folgen hätte. Sie erkennen es zwar in dem Moment nicht unbedingt, aber sie sehnen sich nach der Liebe, die sagt: *„Bis hierher und nicht weiter, mein Schatz."*

Ohne das würden sie sich im Chaos verirren. Ich bin die Stimme, die sie daran erinnert, dass sie nicht die Chefs sind. Das ist gut, angesichts der Tatsache, dass sie noch nicht in der Lage sind, ein selbstständiges Leben zu führen.

Und wenn es mir selbst nicht genauso ginge, hätte ich wahrscheinlich Angst davor, Gott zu fürchten. Doch so vertraue ich ihm viel zu sehr (und mir selbst viel zu wenig), als dass ich es anders betrachten könnte als folgendermaßen:

Je größer er für mich ist, desto kleiner muss ich werden. Mein Lieblingsplatz ist in der Hand Gottes, wo er mir zuflüstert: „Bis hierher und nicht weiter, mein Schatz."

Fürchten Sie Gott? Ich hoffe es. Denn es ist zwar furchterregend, so klein in Gottes Größe zu sein, aber noch viel furchterregender, sich so groß zu fühlen, dass man ihn nicht braucht.

Gott anzuerkennen bedeutet notwendigerweise auch zu akzeptieren, dass wir recht daran tun, vor ihm zu zittern. Nicht, weil wir nicht darauf vertrauen würden, dass er tut, was richtig ist, sondern gerade *weil* wir darauf vertrauen. Keiner von uns weiß alles, und keiner von uns ist vollkommen in seiner Liebe zu Gott. Doch unser Ziel sollte immer sein, unsere Knie feierlich und mit frohem Herzen vor Gott zu beugen und uns dabei daran zu erinnern, dass wir in diesem und im nächsten Moment ganz von seiner Barmherzigkeit abhängig sind.

Wenn wir uns mit Gottes Wort beschäftigen und eine Beziehung zu ihm haben, sind wir wie ein Teenager, der seinen Vater anlügt – und weiß, dass er jemandem untergeordnet ist, der ihn genug liebt, um ihn zurechtzuweisen. Mir hätten die Knie schlottern sollen, als ich zur Tür hereinkam (ich erzähle das nur so als Beispiel!), nachdem ich meinem Vater gesagt hatte, dass ich nicht *ganz genau* dort gewesen war, wo ich ihm gesagt hatte, dass ich wäre, und dass ich *unter Umständen* möglicherweise stattdessen in die Stadt gefahren war. Das wäre (rein hypothetisch) problematisch gewesen, denn mir war ausdrücklich gesagt worden, ich sollte nicht in die Stadt gehen.

Inzwischen hatte ich allerdings entschieden, dass es am besten wäre, wenn ich ihm alles gestand. Ich würde meine Übertretungen mit edler Absicht beichten und mich ganz unter jede Strafe beugen, die er für angemessen hielt.

Entweder das, oder ich hatte einen Strafzettel für zu schnelles Fahren bekommen, der mir vor einem Club in der Stadt ausgestellt worden war. (Bin ich nicht wunderbar kreativ im Erfinden dieser total hypothetischen Geschichten? Ähm … ja.) Die Beweislage sprach gegen mich, und ob ich es nun zugeben wollte oder nicht: Ich war im Unrecht.

Wir leben als Sünder in einer gefallenen Welt, wo nichts, was wir tun, der Barmherzigkeit würdig ist, die wir von Gott empfangen haben. Macht uns das ein wenig Angst? Das sollte es. Denn wir haben einen Vater, der sich wünscht, uns so lange zu formen, bis wir ihn für die Welt besser sichtbar widerspiegeln. Das Letztendliche ist nicht unsere eigene Herrlichkeit. Das nimmt uns irgendwie den Wind aus den Segeln, oder?

Es sei denn, wir wissen, wie gut es ist, in seinen Wunden Schutz zu finden und nicht anders zu können, als bei jeder Gelegenheit auf seinen Namen zu verweisen.

Die Bibel sagt uns, dass Gottesfurcht mit Segen verbunden ist. Unter anderem verspricht uns Gott, dass die Menschen, die ihn fürchten, seinen Segen empfangen (Psalm 128,1), dass ihre Wünsche erfüllt werden (Psalm 145,19), dass sie Zuversicht und einen Zufluchtsort haben (Sprüche 14,26-27) sowie Glück (Sprüche 28,14), Anerkennung (Sprüche 31,30) und Barmherzigkeit (Lukas 1,50) erhalten.

> Die Bibel sagt uns, dass Gottesfurcht mit Segen verbunden ist.

In den Sprüchen wird die Verbindung zwischen Gottesfurcht und Weisheit besonders deutlich. Immer wieder taucht der Satz auf „Die Furcht des Herrn ist der Anfang der Erkenntnis" (zum Beispiel Sprüche 1,7 oder 9,10; ELB), und die Aussage des ganzen Buches lässt sich in diesen wenigen Worten zusammenfassen.

Wie sieht also Gottesfurcht praktisch im Alltag aus? Gehen wir einmal etwas näher auf diese Frage ein, damit wir die ursprüngliche Sprache gut verstehen und dann auf unser Leben anwenden können, was wir gelernt haben.

In Sprüche 15,33 heißt es: „Die Ehrfurcht vor dem Herrn lehrt die Menschen Weisheit; der Ehre geht Demut voraus." Das Wort „lehrt" lässt sich besser übersetzen mit „ist die Anweisung für" und ist das gleiche hebräische Wort (*musar*), mit dem auch die Zurechtweisung von Kindern durch ihre Eltern bezeichnet wird. Wenn wir Gott also fürchten, könnten wir auch sagen, dass er uns anweist. Er hat uns in der Bibel seine Lebensregeln gegeben. Was wir in den Sprüchen sehen, ist im Grunde die Verbindung zwischen Gottesfurcht, Gehorsam und Weisheit.

Was ist der Beweis für unsere Gottesfurcht? Gehorsam.

Was bringt uns unser Gehorsam? Weisheit.

Die Furcht des Herrn ist der Anfang der Weisheit. Wenn wir Gott so fürchten, wie wir sollen, erkennen wir sein Gottsein und seine Herrschaft über uns uneingeschränkt an. Wenn wir wirklich unsere Position Gott gegenüber verstehen, handeln wir seinen Geboten entsprechend.

Ich hatte Angst, nach Hause zu kommen und meinem Vater zu sagen, dass ich gelogen hatte. Aber offenbar hatte ich nicht zu viel Angst, um ihm ungehorsam zu sein.

Hier kommt, glaube ich, die Sache mit dem „Furcht und Zittern" ins Spiel und der Grund, warum ich nicht so Angst habe, wie es des Königs würdig wäre. Ich sollte mich so vor Ungehorsam fürchten, dass ich erst gar nicht tue, was Gott mir untersagt.

Der Lackmustest für Gottesfurcht ist recht einfach. *Wie sehr gehorche ich ihm?*

Angesichts dessen, dass wir Menschen alles andere als perfekt sind, würde ich wagen zu behaupten, dass wir alle besser dastehen könnten. Ich auch (Sie wissen schon … nur so als Beispiel).

Nach einigen Wochen Hausarrest gab mir mein Vater die Autoschlüssel zurück und sagte, ich könne zu einer Freundin fahren. Er erklärte ausdrücklich, dass dazu nicht gehörte, (a) in die Stadt zu fahren, (b) zu lügen und (c) einen Strafzettel für überhöhte Geschwindigkeit zu bekommen. Ich verstand seine Bitte und versprach ihm zu tun, worum er mich bat. Und das tat ich auch.

Ich weiß, ein Mensch kann nie ein perfekter Vergleich für Gott sein, aber in gewisser Hinsicht *übte* ich, meinen Vater zu fürchten.

Und wissen Sie, was besonders toll war? Später am gleichen Abend setzte mein Vater sich mit mir hin, sagte mir, ich könnte ein neues Auto meiner Wahl haben, und außerdem müsste ich ab sofort nicht mehr zu einer bestimmten Zeit nach Hause kommen. (Okay, *dieser* Teil war jetzt wirklich frei erfunden.)

Wenn wir erwarten, dass wir für unsere Gottesfurcht so belohnt werden, wie *wir* es wollen, dann – nur zur Information – werden wir wahrscheinlich enttäuscht.

Es sei denn, wir erkennen, dass mit zunehmender Weisheit auch der Wunsch wächst, Gott zu gefallen. Wir werden anfangen zu sehen (wenn vielleicht auch nur verschwommen), dass das, was wir als Strafe betrachten, in Wirklichkeit Gottes Art ist, uns beizubringen, in engerer Gemeinschaft mit ihm zu leben. Und je näher wir ihm durch viele Prüfungen und Versuchungen kommen, umso mehr werden wir feststellen, dass wahre Weisheit entsteht, wenn wir unseren Willen mit Gottes Willen in Übereinstimmung bringen.

> Die Furcht vor Gott hat das Potenzial, uns zu befähigen, so zu leben, wie er es von uns möchte, und nur so können wir ein Leben führen, in dem wir mit seiner göttlichen Weisheit gesegnet sind.

Es macht Freude zu wissen, dass man im Einklang mit dem lebt, was Gott als Bestes für uns vorgesehen hat; und was man zunächst als Rückschlag betrachtete, kann man nun als Segen erkennen.

Je mehr ich Gott fürchte, umso weniger fürchte ich alles andere.

Ich glaube, dass Weisheit Frieden und wahre Heilung bringt. Und Weisheit kommt aus Gehorsam, der – ja, genau – aus der Gottesfurcht entsteht.

Darum sollten wir in Bezug auf Gott keine Angst vor der Angst haben. Die Furcht vor Gott hat nämlich das Potenzial, uns zu befähigen, so zu leben, wie er es von uns möchte, und nur so können wir ein Leben führen, in dem wir mit seiner göttlichen Weisheit gesegnet sind. Und diese Weisheit ist ein schöner, lebensspendender, Frieden bringender, von Glauben erfüllter Weg, auf dem wir uns keine Sorgen um unser Morgen machen müssen. Ich habe so viel Zeit mit dem Versuch verbracht, Gottes Arbeit zu übernehmen, dass ich manchmal tatsächlich angefangen habe zu meinen, ich wäre dazu in der Lage.

Heute versuche ich, so gut ich kann, in dem Bewusstsein zu leben, wie klein ich bin – denn dadurch wird mir die Sicherheit bewusst, die mir seine Größe gibt.

Fürchten wir Gott, dass uns die Knie weich werden und das Herz rast. Verehren wir ihn. Haben wir Ehrfurcht davor, wer er ist. Seien wir uns bewusst, dass er uns in seiner göttlichen Weisheit ausgewählt hat – uns, unsere Umstände und jedes Haar auf unserem Kopf –, um uns sanft dazu zu drängen, ihm zu vertrauen und ihn so zu verherrlichen, wie er es verdient. Gott hat uns nicht erwählt, weil *wir* etwas hätten, sondern weil *er* alles hat.

Jeder Moment unseres Lebens birgt die Gelegenheit, Gott zu loben, indem wir ihn beim Wort nehmen.

Das ist wunderbare, von Ehrfurcht geprägte Furcht.

Mike Yaconelli sagte einmal etwas, was in meinen Augen eine fantastische Zusammenfassung meiner eigenen Gedanken zur Gottesfurcht ist:

Ich möchte uns nahelegen, dass die Kirche wieder ein Ort des Schreckens wird; ein Ort, an dem Gott uns immer wieder sagen muss: „Fürchtet euch nicht"; ein Ort, an dem unsere Beziehung zu Gott nicht ein einfacher Glaube oder eine Lehre oder Theologie ist, sondern Gottes brennende Gegenwart in unserem Leben. Ich behaupte, dass der zahme, lebensnahe Gott durch den Gott ersetzt werden muss, dessen bloße Gegenwart unser Ego in Schutt und Asche legt, unsere Sünde verbrennt und uns nackt hinstellt, sodass unsere wahre Persönlichkeit bloßgestellt wird. Die Kirche muss wieder ein herrlich gefährlicher Ort werden, wo in Gottes Gegenwart nichts sicher ist außer uns. Nichts – einschließlich unserer Pläne, Motive, Prioritäten, Politik, Finanzen, Sicherheit, Bequemlichkeit, Besitztümer, Bedürfnisse … Unsere Welt ist Menschen leid, deren Gott zahm ist. Sie sehnt sich nach Menschen, deren Gott groß und heilig und furcherregend und behutsam und zart ist … und unser Gott; ein Gott, dessen Liebe uns so sehr erschreckt, dass wir uns in seine starken, mächtigen Arme flüchten, wo er uns die beängstigenden Worte „Ich liebe dich" zuflüstert.[6]

Vor einigen Jahren hatte ich ein sehr interessantes Gespräch mit meiner Schwiegermutter über das Buch Maleachi; besonders über das dritte Kapitel, wo es heißt: „Da unterhielten sich die, die den Herrn achteten, miteinander, und der Herr bemerkte es und hörte ihnen zu. Und er ließ alle, die Ehrfurcht vor ihm hatten und seinen Namen achteten, in ein Buch eintragen, um sich an sie zu erinnern" (Maleachi 3,16).

Sie erklärte, besonders gut gefiele ihr der Gedanke, dass Gott Aufzeichnungen über diejenigen hat, „die Ehrfurcht vor ihm hatten und seinen Namen achteten", und dass ihm dieser Umstand wichtig genug war, um sich Zeit für diese Aufzeichnungen zu nehmen. In der Offenbarung lesen wir, dass beim Gericht über die Toten „Bücher" aufgeschlagen werden (Offenbarung 20,12), und meine Schwiegermutter überlegte, ob dieses Buch der Erinnerung vielleicht eines jener Bücher wäre. Wir wissen nicht sicher, was dies für Bücher sind, da die Bibel sie nicht näher bezeichnet (mit Ausnahme des Buchs des Lebens), doch ich stimmte ihr zu, dass dies ein erstaunliches Bild war. Eine Art riesiges Erinnerungsalbum, in dem alle Augenblicke unseres Lebens enthalten sind, in denen wir an Gott dachten oder uns bewusst dazu entschieden, ihn anzuerkennen.

Mir gefällt dieses Bild, weil es mir Mut macht, die bewusste Entscheidung zu treffen, an Gott zu denken. Ich glaube, es gibt noch andere interessante Aspekte an diesem Vers aus Maleachi, zum Beispiel, dass dies Menschen waren, die Gott fürchteten. Wir dürfen nicht vergessen, dass das Buch Maleachi zu einer Zeit geschrieben wurde, als die Israeliten ein Leben führten, das Gott keine Ehre machte. Die meisten hatten mehr oder weniger aufgehört, sich Gedanken um die

Folgen der Sünde zu machen, und taten einfach, was sie wollten. Offenbar gab es aber eine Gruppe von Menschen, die bewusst nicht mit dem Strom schwammen und sich gegenseitig in ihrem Wunsch ermutigten, ein heiliges Leben in der Gottesfurcht zu führen. Mir gefällt, dass sie sich versammelten und miteinander über ihre Überzeugungen sprachen.

> Die größten Tragödien des Lebens entstehen, wenn wir uns von Gott abwenden und uns auf uns selbst verlassen.

Auch heute noch ist es klug, sich bewusst mit Menschen zu umgeben, die ebenso wie wir Gott fürchten, uns ermutigen und uns gegebenenfalls zur Rechenschaft ziehen.

Die Umstände mögen heute andere sein, doch auch wir leben in einer Gesellschaft, in der wir so selbstzufrieden geworden sind, dass wir nicht immer das Gefühl haben, wir hätten Gott zur Erhaltung unseres Lebens nötig.

Es ist wichtig, Menschen zu haben, die uns zuverlässig daran erinnern, dass wir Gott brauchen. Wir lassen uns so von dem einnehmen, was die Welt für uns tun kann, dass wir anfangen zu meinen, wir könnten alles aus eigener Kraft. Die größten Tragödien des Lebens entstehen, wenn wir uns von Gott abwenden und uns auf uns selbst verlassen. Es ist ein wunderbares Geschenk, den Gott fürchten zu können, der wirklich die Fähigkeit hat, unsere Umstände zu verändern. Dabei dürfen wir allerdings nie vergessen, dass Gott kein zahmer Löwe ist. Wenn wir das wirklich glauben, wird sich etwas tun. Punkt. Wenn wir von Menschen umgeben sind, die zulassen, dass wir in die entgegengesetzte Richtung von der gehen, die uns Gottes Gebote vorgeben, sollten wir uns Freunde suchen, die uns mehr lieben. Das gilt ebenso für uns selbst als Beobachter: Wenn wir Sünde sehen und nicht handeln, müssen wir auch unser eigenes Herz hinterfragen.

Ich hoffe, ich werde immer darüber staunen, dass Gott mir die Möglichkeit gibt, zu ihm zu kommen.

Wir haben inzwischen einige Stunden miteinander verbracht und

Sie kennen nun einen guten Teil meiner Geschichte. Ich hoffe, Sie haben gesehen, dass Sie mit Ihren Ängsten nicht allein sind und dass Sie wegen Ihrer Ängste kein schlechter Mensch sind. Ich würde so gern noch ein zusammenfassendes Kapitel schreiben, einen Schluss, der alles noch einmal aufzeigt und Ihnen die Lösung präsentiert, mit der Sie Ihre Ängste durch Glauben ersetzen können. Den Satz „Tausche die Angst gegen Glauben ein" habe ich schon oft gehört, und ich glaube durchaus, dass Glaube Angst ersetzen kann. Aber für mich ist die Sache wohl nicht so schwarz-weiß, wie sie bei einigen Leuten klingt. Es ist mehr ein Balanceakt, bei dem wir uns bewusst zu Gott hin- und von unserer Angst abwenden.

Wenn Sie meinen, Sie könnten Gott erst dienen, wenn Sie völlig frei von Angst sind, werden Ihnen ständig wunderbare Gelegenheiten entgehen. Wenn Sie überzeugt sind, dass Gott keinen Krieger ohne Ausrüstung gebrauchen kann; keinen Mann ohne rhetorische Fähigkeiten; keine Frau, die weiß, dass sie gesündigt hat; keinen Mann, der in die entgegengesetzte Richtung von Gottes Ruf läuft; und keine Frau, die sich danach sehnt, dass ihr Mann sie mehr liebt als ihre Schwester …

Erinnern wir uns doch für einen Moment; und ich bete, dass diese Worte Ihnen wieder einfallen, wenn Sie sich erledigt und überfordert fühlen und alle Ihre Chancen verspielt haben:

Ja, es gab eine Schlange. Und sie hatte Spaß daran, den Menschen einzuflüstern, dass Gott vielleicht nicht genug ist.

Aber es gibt auch einen Gott, der für einen Stab sorgt, für einen Wal, eine Armee, einen Ringkampf, ein Baby, eine blutende Wunde – und der uns erlaubt, die Fragen zu stellen, vor denen wir vielleicht jahrelang zurückgeschreckt sind.

Wer ist dieser Mann?

Er ist derjenige, der sich zu Boden beugte, dessen Hand sich bewegte und der kein Wort sagte, während die Menschenmenge sich zerstreute und es ganz still wurde.

Ihretwegen.

Er ist derjenige, der auf einer Straße voller Menschen stehen blieb, weil er Sie wissen lassen wollte, dass er Ihren Namen und Ihre Not kennt.

Er ist derjenige, der sah, wie sich der Himmel verdunkelte, als er sein irdisches Leben hergab, weil er wollte, dass Sie ihn Ihr Leben lang lieben.

Habe ich Angst?
Ja.
Liebe ich ihn?
Nur umso mehr.
Lassen wir uns nicht von der Angst einreden, dass die Liebe nicht größer wäre. Hüten wir die Momente wie einen Schatz, in denen wir seine Gunst und Barmherzigkeit sehen, und wenn wir Angst haben (und wir werden Angst haben), dann erinnern wir uns daran, dass wir nur die Angst zu haben brauchen, die auf unerklärliche Weise mit unserer Liebe zu ihm verbunden ist. Das ist kein leichter Tausch und keine einmalige Angelegenheit. Doch wenn wir die Freude kennengelernt haben, die aus Vertrauen kommt, werden wir Gott auf eine Art und Weise lieben, die wir bisher noch nicht gekannt haben. Versprochen.

> Wenn wir die Freude kennengelernt haben, die aus Vertrauen kommt, werden wir Gott auf eine Art und Weise lieben, die wir bisher noch nicht gekannt haben.

Ich werde wohl nie einen Abend vor vielen, vielen Jahren vergessen, als wir noch in Japan lebten. Ich hatte schreckliche Angst vor Gewittern und starrte auf die riesigen dunklen Wolken, die über unserem Auto hingen, als wir zum Abendessen zum Haus meines Lehrers fuhren. Ich stellte meinem Vater alle möglichen Fragen, und als wir ankamen, verbarrikadierte ich mich im Garderobenschrank und fing an zu weinen. Die Frau meines Lehrers fand mich und bat mich, herauszukommen und ein paar Minuten lang mit ihr zu reden. Sie unterrichtete ebenfalls an meiner Schule und ich fand sie immer sehr nett.

Sie setzte sich neben mich und zog die Vorhänge an dem Fenster neben uns zurück. Ich zuckte zusammen, als es blitzte.

„Angela, weißt du was?" Sie tippte mit dem Fingernagel leicht gegen das Fenster. Die Augen voller Tränen, schüttelte ich den Kopf.

„Als ich noch ein kleines Mädchen war, hatte ich große Angst vor Gewittern." Sie nahm den Finger von der Fensterscheibe und strich mir die Haare aus dem Gesicht. Ich sagte nichts, war aber neugierig, was sie als Nächstes erzählen würde.

„Eines Tages", begann sie, „als ich ungefähr so alt war wie du, kam ich hinter einen bestimmten Trick. Und weißt du was? Seitdem habe ich keine Angst mehr vor Gewittern. Heute mag ich sie sogar."

Ich hatte das Gefühl, dass man mich gleich irgendwohin bringen würde, damit man mich ebenfalls dieser Wunderkur unterziehen konnte. Wahrscheinlich war das billiger als meine Termine beim Psychologen, die ich immer nach der Schule hatte.

Ich sah, wie ihre Hand sich wieder auf das Fenster zubewegte, und traute meinen Augen kaum. Mit einer schnellen Bewegung drehte sie den Fensterknauf, öffnete das Fenster weit hinaus in die Nacht und flüsterte: „Du musst nur das Fenster aufmachen …"

Ich war wie gelähmt vor Angst und zwinkerte immer schneller, um den Regen aus den Augen zu bekommen. Ich spürte, wie er auf meine Hände und Wangen fiel, und dachte, ich müsste noch mehr weinen, doch so war es nicht. Ich merkte, dass ich den Atem angehalten hatte und ihn in kleinen Stößen herausließ, einen nach dem anderen; und ich betete, dass sie das Fenster wieder schloss.

Langsam, behutsam und mit Überzeugung nahm sie meine verkrampfte Hand und streckte sie so weit aus dem Fenster, wie es ging.

„Öffne mal deine Hand, Angela. Vertrau mir."

Ich schaute zu, wie sich meine Hand öffnete, während ich auf den Armen eine Gänsehaut bekam, weil mir vom Regen kalt war. Ich musste über meinen eigenen Mut lächeln. Sie hielt immer noch meine Hand, aber sobald ich meine Finger öffnete, zog sie ihre Hand zurück.

„Du wirst keine Angst mehr vor dem Gewitter haben. Und du wirst dich immer an diesen Moment erinnern – und an jeden Moment in der Zukunft, der dir die Gelegenheit gibt zu lernen, tapfer zu sein." Ihr Gesicht strahlte und sie lächelte mich an. Zweifellos erinnerte sie sich an einige ihrer eigenen mutigen Momente.

Ich hielt meine Hand mindestens fünf Minuten in den Regen, der auf den Teppich, auf meinen Arm und schließlich auch in meinen Mund tropfte, als ich mich, das Gesicht zum Himmel gewandt, aus dem Fenster lehnte.

Ich versprach ihr, dass ich diesen Augenblick nie vergessen würde, und ich bin meinem Wort treu geblieben.

Vor einigen Jahren saß ich vor einem leeren Computerbildschirm und sah den Cursor blinken, während ich überlegte, ob ich meine Geschichte erzählen sollte oder nicht. Ich hatte schreckliche Angst und konnte den Gedanken nicht ertragen, dass ich mit einem Baby schwanger war, das nicht überleben würde.

Ich fing an zu tippen und schüttete der leeren Seite mein Herz aus. Dann klickte ich auf „Senden" und versank prompt in meinen vielen Ängsten. Ich fragte mich, was die Leute wohl sagen würden, was mit meiner Tochter geschehen würde, mit meiner Ehe, mit meinem Herzen …

Dann sah ich, dass der Computer einen Titel für meine Geschichte haben wollte. Ich lächelte und ließ meine Finger noch die letzten Zeichen tippen. Denn ein Lächeln von einem Abend vor langer Zeit fiel mir ein und machte mich tapferer, als ich für möglich gehalten hatte.

„Bring the rain …" („Lass den Regen kommen").

Drei Worte, die nicht nur zum Titel für meinen Blog wurden, sondern auch meinen tiefsten Herzenswunsch ausdrückten. Und als ich meiner Tochter begegnete, wusste

> Sie haben einen Gott, der sich danach sehnt, der Friede und die Herrlichkeit Ihres Lebens zu sein.

ich, dass ich die Wärme eines Sommergewitters gespürt hatte, den Ewigen, der sanft meine Haut berührte.

Wenn Ihnen von all meinen Gedanken nur einer in Erinnerung bleibt, dann hoffe ich, ist es folgender:

Sie haben einen Gott, der sich danach sehnt, der Friede und die Herrlichkeit Ihres Lebens zu sein. Er wünscht sich eine Beziehung zu Ihnen. Er wünscht sich Ihren Gehorsam und Ihr Vertrauen. Er will nicht, dass Sie in Angst leben. Aber Sie werden ihm nur richtig glauben können, wenn Sie das tun, was unmöglich scheint.

Draußen regnet es in Strömen, und ich weiß, was Ihr erster Gedanke ist. Ich war selbst an diesem Punkt, und ich bin nur froh, dass ich nicht dort stehen geblieben bin. Mein Gebet ist, dass Sie, wenn Sie dieses Buch zuschlagen, dem Retter Ihrer Seele eine Chance geben und ihn tun lassen, was nur er tun kann.

Öffnen Sie das Fenster, schließen Sie die Augen und lassen Sie Ihre Angst von seiner Barmherzigkeit wegspülen.

Interview mit der Autorin

❧❧❧❧❧❧❧

1. Angie, Ihr erstes Buch *I Will Carry You* (Ich werde dich tragen) erzählt die Geschichte Ihrer Tochter Audrey, die nur wenige Stunden lebte, aber deren Leben eine große Gnade war. Das ist natürlich eine sehr persönliche Erzählung, obwohl sie viele eindrückliche Aussagen über Dinge enthält, die Sie gelernt haben und weitergeben möchten. Inwiefern war es anders, nun ein Buch zu schreiben, das etwas weiter von Ihrer eigenen Geschichte entfernt ist?

Ich finde, es ist die perfekte Fortsetzung zu *I Will Carry You*, weil es von einem anderen Thema handelt, das für mich sehr persönlich ist, ich aber glaube, dass sich mehr Menschen damit identifizieren können. Als ich zu schreiben anfing, erwartete ich nicht, dass es so emotional wird, doch in gewisser Hinsicht ist es eine Fortsetzung dessen, was ich nach dem Verlust meiner Tochter in meiner Beziehung zu Gott gelernt habe. Ich glaube, jede Mutter würde sagen, dass eine ihrer größten Ängste ist, ihr Kind zu verlieren. Diese Erfahrung mit Gott hat meiner Beziehung zu ihm eine neue Tiefe gegeben und infolgedessen meine Vorstellung davon beeinflusst, was Angst eigentlich ist. Mein Gebet ist, dass einige der Dinge, die ich gelernt habe, auch andere dazu inspirieren, die Art von Angst hinter sich zu lassen, die uns die Freude raubt und die Hoffnung bedroht, die wir in Christus haben.

2. In *Glaube, der die Furcht vertreibt* schreiben Sie davon, wie die Angst Sie in verschiedenen Phasen Ihres Lebens im Griff hatte. Denken Sie, dass Angst etwas ist, das wir völlig aus unserem Leben beseitigen müssen (oder können)?

Ich hatte angefangen, eine lange Antwort zu dieser Frage aufzuschreiben, weil ich sie wirklich interessant finde, aber ich werde mich doch auf das Wesentliche beschränken. Nein, das denke ich nicht. Ich denke nicht, dass wir die Angst völlig beseitigen können, und ich glaube, das müssen wir auch nicht. Ich spreche aber hier nicht von der Art Angst, die uns durchkaut, verschluckt und wieder ausspuckt. Ich denke, es ist wichtig, den Unterschied zwischen lähmender Angst und Angst, die uns zu (gutem) Handeln anspornt, zu kennen. Als ich beim Schreiben dieses Buches in der Bibel las, hat es mich zutiefst beeindruckt, wie Gott die Ängste von Menschen benutzt und in etwas Wunderbares verwandelt.

3. Inwiefern hat Ihr Glaube an Jesus Christus Ihnen Kraft gegeben, gegen die Angst anzukämpfen? Können Sie ein Beispiel aus dem Alltag geben, wie das praktisch aussieht?

Ich glaube, wir alle müssen die bewusste Entscheidung treffen, uns unter allen Umständen für ihn zu entscheiden. Wir müssen die Situation beurteilen, uns daran erinnern, wer Gott dabei ist, und uns auf die Verheißung verlassen, dass er unser Bestes will. Im Umgang mit Angst ist das Wichtigste die Beziehung, die wir zu Gott haben. Diese Beziehung muss in jeden Bereich unseres Lebens hineingreifen und das klaffende Loch, das die Angst gräbt, mit dem Glauben füllen, der uns befreit. Eines meiner Lieblingskapitel in diesem Buch handelt von einer biblischen Geschichte, wo jemand eine Entscheidung zwischen Glaube und Angst treffen musste. Seine Reaktion hat mich tief berührt. Sie erinnerte mich an meine eigene Menschlichkeit, aber auch an die Entscheidung, die ich in Momenten treffen darf, in denen ich mich hoffnungslos fühle.

4. Welche der Ängste, über die Sie in diesem Buch schreiben, ist Ihrer Meinung nach die häufigste im Leben der Frauen in Ihrem Umfeld oder der Frauen, mit denen Sie arbeiten?

Das ist interessant, denn wenn wir an das Wort „Angst" denken, haben wir sofort Dinge im Kopf, die irgendwie gefährlich sind und die wir eher unter „Phobie" einordnen würden. Aber als ich tatsächlich Frauen nach ihren Ängsten fragte, fielen die Antworten eher in die Kategorie Alltag und Beziehungen. Viele Menschen sagen, dass sie Angst vor Versagen haben, Angst vor dem „Ertapptwerden", Angst vor dem Verlassenwerden oder Alleinsein. Ich fand es beruhigend, wie viele Gemeinsamkeiten ich darin entdeckte. So kann das Buch hoffentlich besonders denen helfen, die nicht wissen, dass viele andere mit den gleichen Dingen zu kämpfen haben.

5. Sie sind schon seit Jahren Autorin und haben einen sehr beliebten Blog, doch jetzt halten Sie auch Vorträge auf großen Konferenzen. Welche Wirkung erhoffen Sie sich in diesem Rahmen von Ihrer Botschaft, Ängste in Glauben umzuwandeln?

Für mich ist es schon ein Glaubensschritt, überhaupt auf die Bühne zu treten, denn das ist furchterregend! Aber ich denke, wenn ich ein Buch über Ängste schreibe, muss ich auch rausgehen und mich ihnen stellen, oder? Ehrlich gesagt steht dieser Abschnitt meines Lebens für das Kapitel in meiner Lebensgeschichte als Mädchen, das wegen ihrer Ängste im Leben viel verpasst hat. Ich weiß, wie es ist, von Gottes Armen aufgefangen zu werden, und ich möchte ein Leben führen, das anderen zeigt, dass das ein wunderbarer Ort ist!

Anmerkungen

1 „Er macht eine Liste, er schaut zweimal drauf. Er findet heraus, wer brav und wer unartig war ..."

2 Siehe http://www.kesertorah.org/mastering_fear.pdf

3 Matthew Henry, Concise Commentary on the Bible, „Hebrews 2." Siehe www.biblegateway.com

4 Manche Theologen streiten sich über die genaue historische und biblische Einordnung dieser Geschichte, da sie in einigen der ersten Handschriften des Johannesevangeliums nicht enthalten ist. Allerdings sind sich alle einig, dass die Lehre, die wir aus dieser Geschichte ziehen können, der Lehre der gesamten Bibel entspricht und auch mit Jesu Wirken auf dieser Erde übereinstimmt. Zudem gibt es ausreichend Belege dafür, dass sich ein solches Ereignis mit Jesus tatsächlich zutrug. Wenn Sie daran interessiert sind, mehr über die Einordnung dieses Abschnitts in der Bibel zu erfahren und einen tieferen Einblick zu bekommen, wie man Gottes Wort verstehen und anwenden sollte, empfehle ich Ihnen John Pipers (englischsprachige) Predigt zu diesem Text unter http://www.desiringgod.org/resource-library/sermons/neither-do-i-condemn-you--3

5 Siehe http://moments.nbseminary.com/archives/fixing-a-broken-faithologopistos-in-matthews-gospel/

6 Siehe http://www.youthspecialties.com/articles/the-safety-offear

Klappenbroschur
13,5 x 20,5 cm
224 Seiten
Nr. 226.553

Cindi McMenamin

Er geht an deiner Seite

Gott begegnen in Zeiten der Einsamkeit

Zeiten der Einsamkeit bergen besondere Chancen. Denn Gott will uns in
unserer Einsamkeit begegnen und uns näher zu sich ziehen. Er stillt unsere
Bedürfnisse, schenkt Heilung und neue Hoffnung. Und er hat versprochen,
dass er seine Kinder niemals verlassen wird. Ein ermutigendes, Weg weisen-
des und Veränderung schenkendes Buch der Autorin und Referentin Cindi
McMenamin, deren Anliegen es ist, Frauen in eine intensivere Beziehung
mit Gott zu führen.

SCM
R.Brockhaus